7つの輝業力レッスン

女性が輝き、夢実現できる仕事術のヒント

輝業コンサルタント
根本 登茂子
Tomoko Nemoto

カナリア書房

はじめに

企画広告会社として「やりがい」を感じるのはゼロから創り上げる楽しさです。ときには「産みの苦しみ」もありますが、それが大変なほど成し遂げたときの感動は大きく跳ね返ってきます。そして実力以上の大仕事をまかされたときこそ、会社も社員も限りなく伸びるのではないでしょうか。

おかげさまで２０１３年４月に会社設立20周年を迎えることができました。この長い歳月をかけながら、一つ一つ仕事をクリアする過程で鍛えられ、自分の未知なる能力も開花してきたように思います。

ひとつの節目として一年程前からこれまでの足跡を一冊の本にまとめてみたいと考えていました。千年に一度といわれる東日本大地震を体験したことも拍車をかけ、益々その想いは強くなっていきました。

そんな折、背中を押してくれたのが、茨城県知事公室女性青少年課からの取材でした。男女共同参画の啓発・広報活動として発行中の「ハーモニー広場」に起業の動機や事業内容を紹介したいというご依頼でした。

そして、もう一つ理由がありました。私が大学卒業後、はじめて就職した出版社で「市川房枝女史」のインタビューに編集長と立ち会ったときのことです。

ご周知の通り、女性が政治に参加できる権利＝参政権（選挙権）を現実のものにしてくださった明治生まれの偉大な人物です。

そんな彼女から、「私たちの時代は、女性が仕事や結婚、育児を両立させるのは、とても困難でした。でも、貴女たちの世代はそれができますよ。また、そういう柔軟な生き方をして欲しいですね」と、心強いお言葉をいただいたのが、今でも脳裏に焼きついて、私の指針になっていたからでもあります。

仕事や家事の合間を縫って、夢中でパソコンへと向かいました。自分と時間との闘いです。心を奮い立たせながら、20年間の軌跡をたどって、ようやく完成したのが、このたびの**7つの輝業力（きぎょうりょく）レッスン**です。

20年間で培ってきた夢実現できる仕事術のヒントを、自分自身のドキュメンタリーとコラムからまとめてみました。それは、**「育む力・学びの力・磨きの力・創造の力・叶える力・つながる力・癒しの力」**になります。

職業人、主婦、母親、人として、自分らしくキラキラと輝き続けたい女性たちへの応援メッセージとして、湧き上がる想いを込めました。かつて、これほど「素の自分」を言葉で表現したことはありませんでした。かなり抵抗はありましたが、「自分史」をまとめる貴重なチャンスでもあると、執筆させていただいた次第です。

この本が微力ながらも、皆様の心に響き、それぞれの想いを叶えていただけたら幸いと存じます。

２０１３年6月吉日

根本　登茂子

目次

BRIDE
ブライド
bride-net.com
SPRING HOT NEWS
＜春のお勧めショップ＞
エンジョイ・アロマ・ライフ No.2
お祝い事のマナー上手
ブライドセレクトショップ

輝業力レッスン２【学びの力】
～なりたい自分を描くヒント～

輝業力レッスン3【磨きの力】
～自分の強みをみつけるヒント～

輝業力レッスン4【創造の力】
～成功者から学びのヒント～

輝業力レッスン5【叶える力】
～夢を引き寄せるヒント～

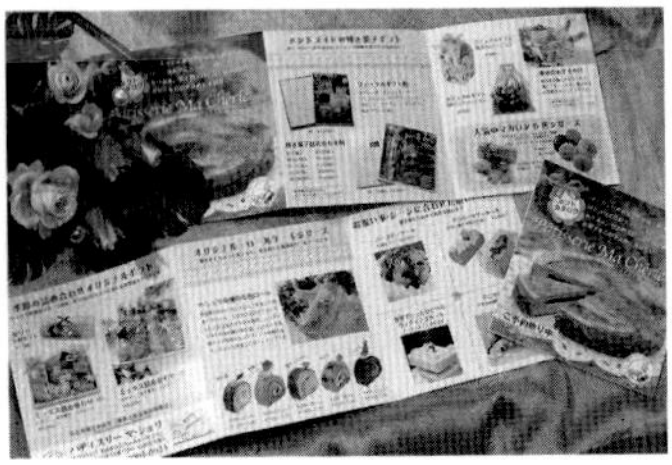

輝業力レッスン6【つながる力】
～共感して栄えるヒント～

輝業力レッスン7【癒しの力】
～自分らしく素敵に暮らすライフ術～

輝業力レッスン1【育む力】

～育てて伸ばすヒント～

輝業力レッスン1【育む力】

～育てて伸ばすヒント～

キャリアママとイクメンパパの誕生

2012年の7月、一人息子が20歳になりました。私の仕事のひとつ「子育て」もどうやら一段落しそうです。この20年間を振り返ると、実に様々なことが脳裏を駆けめぐってきます。

すでに起業していた私にとって、一般的に世の中でいわれる産前産後休暇はなく、出産の前日までお仕事。大きなお腹をして夜遅くまでお得意様の企画書をまとめていました。

その翌朝10時頃、陣痛がおきて病院へ。20代後半に急性腎炎をわずらっていたこともあり、安全を帰して総合病院の産婦人科を主治医にしていました。予想が的中し、20時間に及ぶ点滴をしながらの出産でした。

自分でも不思議でしたが、こんな辛い陣痛中に子供の名前がふと浮かんできたのです。力強く太陽が昇ってくる早朝に生まれた我が子。夏の朝日のようなエネルギッシュで、キラキラと輝く人間になって欲しいと願いを込めて命名しました。初めて息子を抱いたとき、かけがえのない命の尊さをしみじみと感じた瞬間でもありました。

この日から、私の**ビジネススタイルがちょっと様変わり**したのです。仕事中心から家族のために、自分自身の身体をいたわることを心掛けるようになっていきました。

出産後も蛋白が陽性だったため、病院の食事は減塩食、その上、ほかの妊婦さんに比べると量も少ない……

「これでは母乳もままならない」と夫からヨーグルトや果物を差し入れてもらいました。そのときの桃の甘酸っぱく、みずみずしかったこと、その美味しさは格別でした。

また次いでといっては失礼ですが、一緒に持ってきたのが、住宅関係のお客様から依頼されていた季刊誌の最終校正でした。ベッドの上で印刷所へ入稿する色校正の確認です。

昼間は婦長さんから母親学級的な指導があり、夜中は慣れない授乳をしたりで、頭はすっかり子供へ傾注し、母性本能バリバリの状態でした。

「内心、まいった」と思いましたね。

ハッとそのとき思い出したのが、

「出産しても仕事は続けられますか?

はい！　ぜひ、やらせてくださいと私。では、今まで通りお願いします」と、言ってくださった今は亡き企画課のMさん。

「女性だから、母親だから」といった世間一般にありがちな固定概念にとらわれない柔軟で、度量の大きい課長さんでした。その気配りのある言葉に、**「自分**

らしく現実と向き合う勇気」をいただいたものです。

自動車メーカーの東京本社でデザイナーをしていたMさんは病気で退社、その後、療養をかねて奥様の実家である茨城県へ転居し、こちらの住宅会社へ入社したと伺っていました。当時、彼は30代後半でしたが、起業してまもない私の仕事を心底から応援してくださっていました。約10年間、顧客向けの季刊誌やショールームのイベントなど販売促進全般にわたり、心の通いあう素敵な仕事を一緒に創りあげてきた、今でも尊敬している恩師です。鋭い切り口、冷静な判断力、内に情熱を秘めたクリエイター。私に企画の真髄、面白さを教えてくださった方でもあります。

彼の言葉が甦ってきた瞬間、期待に添いたいと熱き想いがこみ上げてきました。

「**信頼されている**」と……

すぐさま我にかえって母親から気持ちをリセットし、眠気と闘いながら入念にチェック、キャリアママの初仕事となりました。

0歳児の息子を保育所へ託す一大決心

入院から8日目の晴れ上がった夏空の朝、無事に退院。そして私と息子を迎えてくれたのは、そうじの行き届いたクーラーの程よく効いた「和室」でした。「雑菌でも吸い込んだら大変！」と、畳を水拭きしたとのこと、まさにイクメンパパの初仕事。産前産後、実家へ帰省できなかった私にとって頼もしいパートナーでした。

また、夫の母は神奈川県から、私の両親は群馬県から1週間交代泊り込みで、水戸の地まで家事や育児を手伝いに駆けつけてくれたときは、親たちの懐の大きさ、優しさを痛感、「こんな幸せ者っているかしら」と思いました。

その1ヶ月後、母子共に検診を済ませてから仕事に復帰、オフィスへと向かいました。まさに不孝中の幸いというのでしょうか。この頃、都内でシステムエンジニアとして働いていた夫は体調を壊し、失業中でした。そんな理由もあって、妊娠５ヵ月くらいから私の仕事をサポートしてもらっていたのです。

いま思えば、東京生まれの湘南育ち、27歳の彼が縁もゆかりもない茨城という土地によく来てくれたと驚いています。私自身、生まれも育ちも地元ではなく、もはや親子３人で協力しあわなければ、根本家は稼動できない状況でした。

この夏を境に**二人三脚いや三人四脚、息子とキャリアママそしてイクメンパパの新しい仕事スタイルがスタート**しました。

新米ママと女性社長の日々がスタート

０歳児の我が子と、夫の３人でオフィスへ通う毎日、私が打ち合わせで外出するときは、先輩ママであるスタッフＭさんに息子をみてもらうといった場面も、多々ありました。私のデスクの脇に、籠の中で笑ったり、ときにはスヤスヤと寝息をたてている息子の姿……

そんな横顔を眺めながら、仕事をしたことは懐かしい幸せな思い出です。最近「イクメン」が話題になっていますが、我が夫は20年前から子育てを楽しむイクメンでした。

この年の秋が深まる頃、次年度へ向けて茨城県水戸市の保育所で0歳児の募集がありました。早速、生後3ヶ月の息子を連れて面接へと出かけて行きました。帽子を被せてちょっとおめかしさせながら……。

その甲斐あってか、6人募集のところ見事に合格、翌年の4月から預けられることになったのです。**水戸市で初めて延長保育という制度が導入**され、午後6時半までみていただけるようになりました。ハイハイしだし、職場でみるのが難しくなっていた矢先のことです。

親兄弟や親戚は県外、息子をみてもらえる環境ではありません。でも実際のところ、私が仕事を続けなければ、生計のメドが立たないのが現実でした。「言葉もままならない、おしめも取れない。入園するまでに母乳から粉ミルクにも変えなければ……」と母親として心配事はありましたが。

入園当日、部屋にはベッドが6台、箪笥の一段分が用意され、その中へ肌着や着替え、紙オムツを整理して入れました。粉ミルクと哺乳瓶も持ちこみです。保母さんは2人と万全な体制でした。不安がないと言ったら嘘になりますが、**共働きの私たち夫婦にとって本当に有難い環境**であり、助けられたのです。

お迎えのとき、嬉しそうにハイハイして寄ってくる子供の元気いっぱいの笑顔が励みとなりました。保育所の先生方や、お友達から愛称で呼ばれ、可愛がっていただいている様子が伝わってきました。

こうして晴れて平成5年春、9ヶ月の息子は入所、同時に企画広告会社「ミズプラン」を夫と共に設立しました。といいますのも、水戸市周辺で再就職の活動はしたものの、適切な職場が見つからなかった夫。クライアント様の大抵が法人でしたし、子供の将来を考えても、この機会に会社にした方がよいという結論に達したからです。

資本金500万円、すでに起業していた私が代表取締役になり、夫は取締役として新会社が起動し始めました。私と先輩ママのMさん以外、スタッフは全員20代と若い会社です。オフィスは従来どおり水戸駅近くのビルの6階、また経費を節約するために、会社登記などの事務手続きは夫が担当、そして経理は水戸商工会議所より紹介していただいた会計事務所へ依頼することにしました。ご存知の通り、**法人になると毎月の貸借対照表、年1回の決算報告書が義務付け**られてきます。

この頃より、広告業界の現場も激変していきました。これまで印刷前の版下原稿はすべて専門業者に頼み、写植機を使って手作業で制作していました。これがアップル社のコンピュータ普及によりパソコン上で編集やデザインができるようになったのです。まだ写真の挿入などはできませんでしたが、版下づくりは社内でも可能になりました。

当時は水戸市内に出力センターはなく、常磐高速道路を1時間半ほど走らせ、つくば学園都市まで通ったものです。会社を設立した年の初秋、パソコンやプリンター、スキャナーもこの代理店より総額約150万円で購入しました。**DTP（デスクトップパブリッシング）への幕開け**でした。

アメリカ留学時代、アップルのコンピュータを使ってシステム作りの勉強をしていた夫の腕が奮えるチャンス到来です。デザインの専門学校出身であるチーフのKさんと夫が中心となり、最新のコンピュータ機器を使って創作できる世界を広げていきました。

これまでの外注費をかなり削減することができたと同時に、お客様へのプレゼンテーションが非常にビジュアル的となり、仕事の依頼も増えていったのです。

それから転機が訪れたのは、息子が3歳になった頃でした。

地域女性誌から学んだ心の経営哲学

住宅会社のショールームでセミナーの企画や販促ツール全般の仕事をしていた

ときのことです。あるセミナーにブライダルプロデューサーが参加していました。この彼女との出会いがきっかけとなって始めたのが、「ブライド」というフリーペーパーでした。

ミズプランにとって初の試みです。起業してから手がけてきた仕事は、あくまで受注スタイル、予算あってのスタートです。ところが自主媒体となると、どこかで資金を調達しなければ、前へと進めません。半身半疑ではありましたが、「ブライダルという新しい分野の開拓は、発見があり、楽しいかもしれない!」と決意したのです。

「やってみなければ、結果も出ない。成功や失敗もない」というのが私の信条であります。

コンセプトは「花嫁のようにキラキラと輝き、自分らしく素敵に生きたいと願う女性を応援する情報誌をめざして」と決定!それからが苦難の道のりでした。

どう〝**育てて伸ばす**〟**かが重要です!**

「スポンサーをどのように集めていくか」が課題となり、手始めは名簿づくりから取りかかりました。プロデューサーのＥさん、ドレスショップオーナーのＴさん、司会者のＹさん、そして私の４人で何度もミーティングを重ねながら、詳細の内容を煮詰めていきました。

今のようなインターネットを使った便利な検索方法は当然ありません。タウンページでクライアントになってくれそうなブライダル関連業者をノートに整理し、一軒一軒アポイントをとってから訪問していくことになりました。

また、車を走らせながら「ここは」と思うお店への飛び込み営業です。これらの苦労が実り、皆さんで企画してから半年後、１９９５年の４月無事に創刊することができました。

Ａ３サイズのジャバラ折、ハーブタッチの紙を使った優しい大人の女性をイメージした小さな情報誌。でも中身はギッシリ手作り感タップリです。デザインやイラストはチーフのＫさんやＣさん、制作過程の総活は夫が担当し、営業はブライダルプロデューサーのEさん、私は、営業兼編集長として進行状況や情報誌全体をまとめていきました。

信用から想定外の産物にありがとう

茨城県内初のブライダル情報誌ということで、地元の新聞に紹介されたときの感激はひとしおでした。こうして「ブライド」はヨチヨチ歩きしながら、息子の可愛い妹のような存在になっていきます。

その年の暮れも押し迫った12月、読者の方々と協賛店様、そして仕事仲間70余名が集まって、クリスマスパーティーが開催できたときの感動は、今でも忘れられません。

限られた予算の中で招待状やテーブルコーディネート、お料理、デザート、演出など、とびきり楽しめるイベントの仕掛けづくりです。ミズプランのスタッフ

Cさんは友人とサンタクロースに扮して受付を担当。また、ベストドレスアップ賞の選考会、社交ダンスのレッスン、コンサート等の企画も関連業者の皆様が共に盛り上げてくださいました。ひとつのコトを大勢で手作りしていく素晴らしさを共感したスペシャルナイトとなりました。

そんな喜びも束の間、営業経験のない私にとって試練の日々が続きます。ミズプランの他の仕事で利益が上がっていたから発行できていたものの、ブライドの広告収入自体では、なかなか黒字にはなりませんでした。

〝育てて伸ばす〟ことの難しさです。ブライダルプロデューサーEさんは残念ながら別の仕事をするということになり、降板しました。結局、外回りは私ひとりになった時期もありました。

こんな状況の中でも発行を続けられたのは、愛読者からの「毎号、楽しみにしています」といった声や協賛店様、スタッフの励まし、そして、夫の支えが大きかったからに他なりません。会社の代表として、何とかブライドから利益を捻出したいと真剣に考えましたね。

しかし、そんな心配をよそに、次第にブライドのお客様から、広告掲載以外の仕事を受注できるようになっていったのです。

これが、**「商いに大切な信用」**でしょうか。ホテルをはじめ、ゲストハウスやレストラン、宝飾店、花店、スクールなどのプロモーション全般をお手伝いするようになりました。

まさに、**「継続は力なり」**〝**育てて伸ばす**〟を実践した賜物。大きな収穫であり、尊い産物でした。

我が子の成長は心の栄養、育児は育自

以来、息子と共に成長していくブライド。保育所がお休みのときはチャイルドシートに乗せながら、取材や配本をすることもありました。休日のブライダルフェ

アや商店街のイベントなどの際は、お知り合いのママ友が経営する託児所へ預けたこともありました。

こんな多忙な仕事のなかでも、すくすくと育つ子供の姿が心の支えでした。保育所の運動会や夏まつり、遠足など、親子3人が幸せを分かち合えた夢のような6年間。自分の両親への感謝、母親になった喜びを我が子が教えてくれました。

また、小学校入学前の説明会で**「開放学級がない」ことを聞いて、慌てて実施している学区へ引っ越した**ことがありました。学校と会社の中間地点に自宅を借り、なんとか子育てと仕事が両立できるように、最善を尽くしたかったからです。

そんな願いもあり、学年委員を初めて引き受けたのは、息子が小学校2年生の時でした。秋の「親子レク」では美術館めぐりを企画し、赤トンボのイラストが入った可愛いチラシも作りました。

はにかみながら「ありがとう！またやってね」と……。

そのひと言で**「できる限り、学校行事へ関わっていこう！」**と心に決めたのです。

その日を境に、小学校・中学校時代は時間の許す限り、委員や学校行事、部活の応援などに携わるように心がけました。その傍ら、お昼休みを利用して、お母様方との食事会へと出かけて、和やかなひとときを過ごすこともしばしば。なかには親しくなったお母様やおばあ様が家族同然、遊びに連れ出してくださったこともあり、その有り難いご厚意には感謝しきれませんでしたね。

そして、小学校5年生のときは広報の副委員長を担当、100号記念号の制作にあたっては3学期ともなると、まるで職場へ出向くように足しげく学校へと通ったものです（笑）。真冬の夕暮れ時、気心の知れた委員長のIさんと共に印刷会社へ原稿を持参したときは、嬉しさと安堵感で満たされていました。

母親として、多くの「気づき」をいただいた貴重な歳月でした。

子育ては「継続」していく大仕事
親や学校、地域ぐるみで育てること

継続か、廃刊にするか決断のとき

子育ての一方、ブライドが8年目に入った2003年の夏、このまま発刊していけるのか本当に迷った時期がありました。第二の試練です。結婚情報誌「ゼクシィ」が茨城県へ進出、同じ結婚というコンセプト、しかも商圏の小さい地域で共存していくのは到底かなわないと思いました。

そこで経営者として思案の末、「広告料金をほぼ据え置きに、カラーの誌面」へとリニューアルさせました。同時に、携帯サイトをスタート。こちらはお客様サービスの一環として無料制作・配信です。そして、地域密着型の結婚情報誌とニッチな女性誌をあわせた新しいブライドへとパワーアップしたのです。

「素敵マイスタイル、テーブルマナー、ビューティ、ヘルシー」など女性に嬉しい新コラムも登場。ターゲットは、20代から創刊当初より愛読者として続いている40代の方々へ広げることにしました。

また、これまでの設置店に加えてラック業者へ依頼し、家電量販店やスーパー、レンタルＣＤショップへと配布先を拡販しました。こうして、皆様の温かなネットワークのお陰でブライドは存続へと到ったのです。

アメリカ西海岸で収穫した親子の宝物

息子が小学1年生になった夏休み。１９９９年8月11日、成田空港から午後３時35分発、私たち夫婦が出会ったアメリカへ親子３人で旅立ちました。かねてより子供と一緒に訪ねてみたいと思っていたのです。

仕事を調整し、15日間の日程で西海岸を周遊する計画を立てました。サンフランシスコからラスベガス、ロサンゼルスへの移動は飛行機を利用し、周辺の観光スポットは、レンタカーで回ることにしました。そのコースの中に、私たちが初めて会ったバークレイ地下鉄の駅やゴールデンゲート、ホームステイした家族や友人宅への訪問を盛り込みました。

でも、これだけでは終わらないのが、キャリアママです。**新しい仕事へのチャレンジの旅**でもありました。二人が出会った国で**何か日本文化が伝えられるコト**がしたいと、以前から思案していたのです。

その一つが「風呂敷ビジネス」でした。出発日までに英語版で風呂敷を使った暮らし方を紹介するミニカタログを作成し、アメリカでFC展開をしているインテリアショップ巡りを企画してみたのです。

見本の商品は京都のメーカーと直に取引きしたので、かなり仕入れ値は抑えられましたが……。今思えば、ちょっと無謀だったかもしれません。興味を持って話はきいてくださったショップはありましたが、空輸や関税などの問題もあり、非常にコスト高になってしまい、最終的に契約には到りませんでした。

しかし、お金では買えない収穫がたくさんありました。サンフランシスコ郊外を中心に新しくできたショップを回ったのですが、私が住んでいた10数年前に比べると、あちこちで日本文化が取り入れられていました。ジーンズ一つとっても、日本製の絹の羽切れが使われていたり、真っ白なTシャツには日本語で筆の書き文字があったり、また、粋なジャパネスクがアメリカの若者たちを魅了しているとも伺いました。ハイソなインテリアショップ内では、日本庭園をイメージした「ししおどし」のディスプレイなど、「わび・さび」の世界観を彷彿させる趣きある光景を目にしました。

これらもさることながら、私たちが感激したのは、**大陸的なアメリカ人特有のオープンマインド**でした。予約なく初めて訪問したにもかかわらず、おおかた店舗の責任者が応対してくださり、弊社のカタログを片手に、耳を傾けてくれたことです。帰国してから実際にコンタクトを取った企業もありました。

また、ホームステイしていたお宅を訪ねた時の出来事です。当然あり得ることでしたが、すでにホストの家族は移転していました。「でも、ここまで来て会わないのは後悔する」と思い、現在、その邸宅にお住まいの家主に必死になって事情を伝えたところ、「すぐ、近所だから」と親切に地図を書き、引越し先を教えてくださったのです。

アメリカでの一つの夢が叶い、10数年ぶりのホストファミリーとの対面。それも映画のワンシーンのようにドラマチックでした。

まさにドアを開けると私たちを待ち望んでいたかのように、親戚一同が集まったホームパーティの真只中。「こんな**奇跡のようなハッピィな再会**もあるんだなあ」と本当に嬉しいサプライズを体感しました。

突然お邪魔したにもかかわらず、アメリカ人らしいフレンドリーなおもてなし。我が子のことは孫のように喜んでくださり、スマイルで記念写真も撮りました。でも、息子だけは、「いつもと違うぞ！」と緊張気味でしたが（笑）。

その足でレンタカーを走らせ、今度は手紙のアドレスだけを頼りに夫の学生時代の友人宅をめざします。

ところが思わぬ事態、道行く人を捉まえては尋ねて、何とかたどり着いたのですが、すでにこちらも移転していました。

「絶対絶命！もう、あきらめようか」と、顔を見合わせました。その瞬間、夫が日本の「１０４」の機能をひらめいたのです。

「そうだ！友人の名前Ｊ・Ｗならわかる」。当時は、携帯電話など便利なツールはないので早速、ホテルの電話ボックスを借りて、名前だけを頼りに調べてもらいました。その甲斐あって、ついに電話番号をつきとめたのです。

夫が友人Ｊさんと連絡がとれたときは、「やった！アメリカまで来た甲斐があった」と何ともいえませんでした。

偶然にも近所に住んでいたもう一人の友人Ｃさんに声をかけて、丸10年ぶりの再会。しかも、それぞれが結婚し、家族が増えていました。大人が６人と子供が５人、予想もしてなかった大家族での対面となりました。**時空を超えて共にかけがえのない、ハッピィなひとときを過ごすことができた**のです。

子供たちの柔軟さには驚かされました。言葉がまったく通じなくても大はしゃぎ、中庭にあるプールサイドを駆け回り、仲良く遊んでいました。Ｊさんが屋外のバーベキューパーティーで焼いてくれた牛肉は、さすがアメリカンサイズ、ボリューム満点でしたね。

15日間という限られた期間ではありましたが、非日常的な空間、異国で家族３人が経験したハラハラしながらも、心踊った時間でした。

「想いは通じる、夢は叶えるもの」を学んだ親子珍道中、エキサイティングなアメリカ西海岸の旅となりました。そのときの思い出は息子の描いた絵日記にギュっと詰まっています。

異文化コミュニケーションで育む
言葉を超えて人の優しさや愛を感じた旅
あきらめずに行動すると、奇跡が起こる

コラム（輝く仕事術）

◆「みんなほんもの」から育くむ

子育てやスタッフ育成、会社づくり、どれも共通しているのが、「育てて伸ばしていくこと」ではないでしょうか。子供や社員、会社も育て方次第で、個性が光ったり、能力が開花したり、成長したりするものです。

息子は0歳児で保育所に入所しましたが、毎月定期的に購読している絵本シリーズがありました。就寝前に布団に入って、読み聞かせてあげるのが日課になっていました。平日の昼間は、スキンシップができないこともあり、私たち親子が一緒に時間を共有できる貴重なひとときでした。

何度も何度も読み聞かせているので、ストーリーはわかっているにもかかわらず、目をキラキラさせて楽しみに耳を澄ませて聞いている息子。絵本から人間や動物の優しさ、季節感、ときには主人公の職業で働くことの大切さを学ぶ……。幼いながらも、本を通じて心が育くまれたような気がしています。

また、私が子育てで指針にしていたのが、相田みつを書・佐々木正美著の「育てたように子は育つ」という一冊の本でした。母親の立場から自分の子供には、どうしても必要以上に期待してしまうことがあります。そんなときに釘をさされたのが、この本の中に書かれていた「みんなほんもの」という詩でした。

トマトがねえ
トマトのままでいれば
ほんものなんだよ
トマトをメロンに
みせようとするから
にせものになるんだよ

みんなそれぞれに
ほんものなのに
骨を折って
にせものに
なりたがる

みつを

「育てたように子は育つ」より
発行所・株式会社小学館　相田みつを書　佐々木正美著

この氏の言葉は、社員教育にも役立ちました。専門学校より男女一名ずつ採用したことがありましたが、企画広告会社ということもあって、各々の特性が活かせるように、得意分野で仕事をまかせるようにしました。最初から期待以上にできる人間はそうはいませんし、失敗もあります。でも、ここは、グッと我慢、アドバイスや指導をしながら、本人にまかせた方が確実に伸び、結果につながっていくものです。そのときの女性Kさんは、今では、旦那様とデザインオフィスを経営しています。ときには外部スタッフとして手伝っていただいています。

また、大学院卒のCさん、大手メーカーのデザイナーだったGさんも同様でした。持ち味や個性を認めて、さらに、現場で仕事を積み重ねていくうちに能力が高まっていったのです。ちなみにCさんは、結婚・出産するまでの約7年間、企画やイラストを担当してくれましたが、絶妙なコンビネーションで、クリエイティブな仕事を一緒に創りあげていった有能なスタッフの一人です。毎年、家族の幸せそうな年賀状が届き、近況を知らせてくれます。

「育てて伸ばす」ポイントは、**「その人らしさ、その会社らしさが輝ける土壌づくり、環境づくり」**だと思っています。

私自身も能力を鍛えてくれた職場、まかされた仕事を通じて育てられ、現在もまだまだ成長過程にあるわけですから……。

◆目的や事業にあった起業の仕方

独立して何かビジネスやサロン、店舗を始めたいと思い立ったら、まずは会社組織にするか、個人事業にするのか、どんなスタンスで自分が仕事をしたいのかを考えてみてはいかがでしょうか。

以前、株式会社は資本金が最低1000万円、有限会社では最低300万円、しかも、株式会社においては、取締役会や監査役、取締役3名以上の設置が義務づけられていました。

それが新会社法により、「1円で会社が作れる」ということになりました。そうは言っても、実際には設立事務費用や設備、材料、家賃、人件費などがかかってくるわけです。法人にするハードルは低くなりましたが、ある程度の資金は、用意しておかなければなりません。それでも法改正後は、対外的な信用を考えて、株式会社にする方が増えてきたのは事実です。

このほか、合名会社、合資会社、合同会社、NPO法人などがあります。尚、会社に関する法律は不変ではなく、変更されることがありますので、その都度、新しい情報を入手するようにしてください。

◆趣味を仕事にするサロネーゼ

女性が仕事に携わる場合、結婚や出産、環境によって人生が大きく様変わりすることがあります。また、一人何役もこなさなければならない事態に直面することがあるかもしれません。

そこで、起業モデルの一つとして、女性が家事や育児を両立させながら、「好き」を「仕事」にできるサロネーゼをご紹介したいと思います。

このビジネススタイルは、自宅のリビングや一室を改装してサロンにし、趣味や得意な技を友人や知人に教えながら社会と関わり、収入が得られる「起業」が、魅力になっています。

さらに、子供の成長や家庭の諸事情にあわせて、仕事のスタンスを変えることもできますし、基本的に教室を開くための家賃がかかりませんから、ほとんど、リスクがないといえます。

※古くから自宅で、お茶やお華など資格や特技の教室を開いている先生方はいらっしゃいましたが、サロネーゼとは、少しニュアンスが異なります。

「サロン」と「ネーゼ」(フランス語の日本女性＝ジャポネーゼに由来)の言葉が合体して生まれた造語のようですが、ここ数年ですっかり定着してきました。自分の才覚や特技を磨き、最初は趣味ではじめたものが、続けていくうちに仕事になっていく、フレキシブルな女性の生き方、自己実現できるライフスタイルでもあります。

料理やお菓子、紅茶、アロマ、ヨガ、ネイル、フラワーアレンジメント、テーブルコーディネートなど、お洒落で女性ならではの感性が光る業種が多いのも特徴です。

最近では、様々なサロネーゼ養成スクールが登場し、ますます注目されています。継続的な生徒の集客方法、ホームページやブログの作り方、その活用方法、サロン経営など、「好きをビジネスにする」ためのノウハウが、理論的に学べる時代になってきました。

私自身もここ10年間で、素敵なサロネーゼの方々とお会いしてきましたが、とても自然体で、イキイキと輝いていました。なかには店舗をオープンされた女性もいらっしゃいましたが、自分サイズで仕事を楽しみながら、夢実現できるのが、サロネーゼの人気の所以かも知れませんね。

ぜひ、趣味や何か好きなコトで教えられることがあったら、その世界を育み育てながら、一歩を踏みだしてみてはいかがでしょうか。

◆生き方・働き方をキャリアデザイン

一般的に女性は男性に比べると、生涯を通じて年代や置かれた環境により、働き方、社会との関わり方を変えざるをえない状況になることが多々あるのではないでしょうか。

こんな中で、最近注目されているのが「キャリアデザイン」です。一言でいえば、**「自分の職業人生、キャリアを自らが考え、計画し、構想を練って現実化**していくこと」になります。つまり、結婚や出産、親の介護などを想定しながら、長期視点に立って働き方、キャリアのシナリオを描いていくことが大切になってきたのです。

自分自身を振り返った場合、高校生1年生の頃から、何か自己実現できる職業について、未婚既婚問わず、経済的に自立するのが、「自分らしい生き方かな」と、ボンヤリと思っていました。

こう考えた背景には、普段はものわかりのよい父親が頑固として譲らなかった「女の子は高校を卒業したら社会に出て働き、25歳位までに結婚して家庭を築くのが、一番幸せだよ」といわれ続けたことに、無意識に反発していたのかもしれません（おそらく、可愛い一人娘には、苦労をさせたくないという父親の愛情だったのでしょうが……）。

ですから、当然、大学進学にあたっては議論となり、友人宅へプチ家出、行動で訴えたこともありましたね（笑）。その後は話し合って、**「自分の夢は、自分で叶える」**とお願いしていた矢先、日本経済に不況の嵐が吹きはじめ、我が家でも、このあおりを受けて家計が悪化、中学3年生の弟も控えていたので、ますます、私の一存では、都内の大学へ進学することが難しい事態になってしまいました。

でも、どうしても、自分の夢をあきらめることができませんでした。そこで、高校卒業後は1年浪人、半年間はアルバイトをして、受験料や入学金、学費を捻出、後半の４ヶ月間は予備校へ通って勉強したのです。

そして、合格後は、「大学４年間は、アルバイトや特別奨学金を受けながら、できる限り自力でやるから」という意志を伝えたところ、最終的には父親も私の強い決意に賛同し、「そこまで言うなら毎月、不足分の生活費は送るから頑張りなさい！」と心よく承諾してくれました。

18歳の多感な時期、友達と遊びに出かけたり、恋愛したり、進路や将来への不安があったり……。とにかく、いろいろとありましたが、親の期待に応えようと安易に納得しなくて、本当に良かったと思っています。自分にとって、初めてのキャリアデザインといえるかもしれません。

❖　❖　❖

また、兄と弟の間に育った私は、小学校低学年から母の家事手伝いをするのは、当たり前でした。この経験が今となっては、とても幸いしているのですが、そのときは「なぜ、女の子の私ばっかり！ちょっと不公平じゃない？」と思ったこともありましたね（笑）。

当時の学校では、男子は技術、女子は家庭と教科書も授業も別々で、それが常識になっていた時代でした。

しかし、息子たちの時代は違っていました。男子女子とも、技術と家庭の両科目が必修になっていたのです。当然、調理実習もあります。男女問わず、能力を育てる幅が広がり、職業的にも選択肢が増えてきたのではないでしょうか。

❖　❖　❖

実は、この家事の部分が結婚・出産しても女性が働き続けられるか、要になってくるところなのです。共働きの夫婦が、家庭の中で上手く役割分担できれば、もっと、女性が社会に出て活躍の舞台が広がるのではないでしょうか。

厚生労働省では「パパの育児休業を応援します」と積極的に育児を楽しむパパを〝イクメン〟を呼び、支援がはじまっています。まだまだ、根付いていないという現実はありますが、一歩ずつ前進しているようです。

一方、出産しても仕事を続けたい女性が急増し、待機児童の問題が浮上しています。これらのニーズに応えて、最近では、都や市から許可された企業（株式会社）やＮＰＯ法人が経営する保育所や保育園も設立されているそうです。公共機関はもちろんですが、こうした民間レベルでの社会的基盤の完備も、女性がキャリアデザインできる必要条件になってきています。

喜ばしいことに、私が出産した20年前に比べれば、女性を取り巻く職場や社会環境は少しずつではありますが、確実に改善されてきているのではないでしょうか。

厚生労働省＜保育所関連状況＞取りまとめ

（平成 24 年 4 月 1 日）

- **保育所定員は 224 万人**
  ＜前年度より 3 万 6 人増加＞
- **保育所を利用する児童の数は 2,176,802 人**
  ＜前年度より 53,851 人増加＞
- **待機児童数は 24,825 人**
  ＜前年度より 731 人の減少＞

＊名古屋市（243 人減）・川崎市（236 人）など 7 市で待機児童数が 100 人以上減少している市町村もある。

＊横浜市は平成 25 年 4 月現在、待機児童がゼロになったと発表。

輝業力レッスン２【学びの力】

～なりたい自分を描くヒント～

輝業力レッスン2【学びの力】

～なりたい自分を描くヒント～

色の世界に魅了、色彩プロの扉を開く

住宅メーカーのイベントで、カラリストをお呼びしたことがありました。彼女がお客様の顔近くにドレープをあて、お似合いになる色を診断するショータイム。まさにその瞬間でした。お父様やおじい様の男性軍が診断される場面で、「あてる布の色によって、若々しく輝いたり、元気そうになったり…」と見え方の印象が、かなり違ったのです。

❖　❖　❖

実は、私の色へのこだわりは、小学校入学時にすでに始まっていたのかも知れません。当時、男の子は黒、女の子は赤のランドセルが決まりごとになっていた

時代です。でも、どうしても、「えんじ色に近い赤」のランドセルが嫌でした。
そこで、両親に「ピンク色のランドセルにしたい」と懇願し、その願いが叶って心弾んだという思い出があります。在校生は1500人余り、さすがにピンク色のランドセルは、私ただ一人、転校生の女の子が黄色のランドセルでしたが。今、振り返ると学校や親も寛大でしたが、我ながら、ちょっと自己実現しすぎ？大胆でしたね（笑）。

❖　❖　❖

カラー診断のイベントで**「色って面白い、すごい効果を秘めている」**と直感しました。その日を境に、勉強がスタートします。まだ、息子が2歳でしたので、手始めは通信教育のカラーコーディネーター講座で学ぶことにしました。仕事と家事、育児の合間を縫って、添削課題の作品作り。月に1度、本部へ送るのですが、毎回新しい発見の連続、童心にかえって夢中で取り組みました。それほど色の世界は奥が深く、楽しかったのです。

２年間で上級コースまでを終了、ちょうど時期を同じくして、仕事で携わっていたホテルから「ブライダルフェアで、講演と花嫁のカラー診断をやってくれないか」とのお話をいただきました。内心ちょっとドッキリ、カラリストとしては新米です。でも、ここで引き下がってはせっかくのチャンスが活かせないと覚悟を決めてお受けしました。

色と広告のコラボレーション

花嫁さんがステキな笑顔になっていく姿をみながら、カラリストとして第一歩が踏み出せた記念すべき日。**「チャンスは活かせ」**を**「有言実行」**した一幕でした。

ますますカラーへの探究心は高まり、勉学の日々が続きます。息子も４歳になったので、保育所のない週末でも夫と二人で過ごすことができるのではと、都内のカラーデザイン研究所が主催する「エキスパート養成講座」へ入門することにしました。色彩マーケティングのオーソリティとして、名高い研究所です。全国から20名が受講、多種多様な職業の同志と共に「学び」の半年間となりました。

ここで習得したカラーやイメージのノウハウは、ブライダルやインテリア、ファッションなど私が関わっている**広告の仕事を「点」から「線」へとつなげてくれた**のです。まさに目から鱗でした。

色の可能性に目覚めた私は、通信教育のメイン講師をされていたY校長が運営するＪＲ原宿駅近くにあるカラリストスクールへ入学しました。さらに仕事に活かせる実践的なテクニックが学びたかったのです。

色の勉強を始めてから4年が経った頃、とても不思議な現象がおこりました。イメージコンサルタントの肩書きが一つ増えたら、これに見合った仕事が次々と舞いこんできたのです。**「これが、引き寄せでしょうか」**

夫と息子の協力を得ながら、こうして色と広告が織りなす、私の新しい仕事スタイルが確立していきます。

キャリアの積み重ねは、達人への近道

そんなある日、インテリアショップのオーナーから、「新しく開院する内科クリニックのコーディネートをしてくれないか」と電話がかかってきました。しかも、院長は多忙なので直に工務店と仕事を進めて欲しいという有難いお話でした。**これまで学んできたことが実践できる**と本当に嬉しかったものです。

足しげく工務店へと通い、内装・外装のイメージづくりからクロス、床材、カーテンの素材やデザイン選び……。

クリニックがコンセプトにしている「地域医療」へ貢献できるように、患者さんが癒され、元気になれる医院づくりを心がけていきました。

そこで、ロゴマークはスタッフのYさんが人の心臓をハートにデフォルメし、イラストで制作。私はクリニック全体のイメージづくりです。基調色はベージュ、サブカラーには緑、アクセントカラーに赤を使用し、色の持つパワーを効果的に

取り入れて提案してみました。これらをロゴマークや看板、名刺のデザインへと踏襲しました。院長や看護士さんの制服なども併せて、トータルコーディネートさせていただきました。

クリニック竣工式典に参列した際、院長から頂戴した感謝の言葉は、私にとって自信となりました。**信用して任される仕事の重みや責任の大きさ、これらを乗り越え、成就したときにしか味わえない限りなき満悦感**を与えてくれたのでした。

色と広告がコラボして花開いたミズプランの誇れる忘れられない仕事となり、「学びの力」から授かったご褒美となりました。

ブライダルサロン開設のコーディネート

イメージコンサルタントの肩書きが増えて依頼された、もう一つの仕事を紹介します。東日本大震災で流され、復元された朱色の六角堂近く、画家の岡倉天心が愛した北茨城にある老舗ホテルでの出来事です。

私の住む水戸市から高速道路で1時間半程の観光地に位置し、古くから旅館業を営んでいましたが、時代のニーズにあわせて、ホテル内にブライダルサロンを設置したいというご希望でした。そこで、お土産コーナーの一角をリフォームし、開設することになったのです。

眼前に広がる大海原からブルーとホワイトをテーマカラーに選び、内装やカーテンなどをトータルコーディネートしました。さらに、ブライダルサロンの空間に調和するような花やオブジェ、ウエディングドレスをディスプレイさせていただきました。

半年近くかけて、無事にサロンの施工が完了しました。次はお客様へ告知するブライダルフェアのチラシ作りです。

「掲載する写真撮りのための装花やテーブルクロス、ナプキンなどはどうするか?」しかも、限られた予算内で最大限の宣伝を発揮できるものにしていかなければなりません。そこで、大活躍したのが「カラー&イメージ戦略」でした。

パーティ用バンケットは一会場のみです。ブライダルサロンのテーマカラーを取り入れながら、事前に「和と洋」2種類のテーブルプランを考案していました。当日は、料理長や仲居さん、スタッフ総出でも目の回る忙しさ、一般的にいう「どんでん」作業でのセッティングで、2つのテーブルプランの撮影を行いました。

❖　❖　❖

携わった2年の長い歳月には、雨の日や高速道路の路面が凍結した雪の日もありました。休日の打合せには、フォトグラファーの夫、そして、就学前の息子を連れて伺ったこともありました……。

仕事の終わった後に、真っ青な北茨城の海をバックに屈託ない笑顔で遊んでいる我が子の写真は、一生の宝物になっています。また、オーナーの方々と談笑しながら、ご馳走になった海の幸は新鮮で何とも絶品でした。**やりがいのある仕事、人とのつながりは、いつも私に豊かな時と学びを与えてくれます。**

自ら「学び」がある講師の仕事

起業してから幸運にも、講演会やセミナーの講師を依頼されるようになりました。女性の経営者として、ときには色彩プロのイメージコンサルタントとして、さまざまなシーンでお話できる機会をいただけたことは、自分自身とてもプラスになっています。**人前で話すという行為は、生き方やキャリアが問われてきます。**だから、常に入念な準備や資料づくりをしてから臨むように心がけています。

この作業の中で自分を客観的にみつめる時間を持つわけですが、ここからまた新しい「学び」があるのです。

❖　❖　❖

私には、現在の仕事以外にもう一つ若い頃に描いていた夢がありました。「教師」という職業です。大学では社会心理学を専攻しましたが、将来を見据えて教職課程も取得していました。一度は産休補助教員で教壇に立ったことがありますが、志半ばにして体調を崩し入院、翌年の教員採用試験をあきらめたという経緯がありました。ベッドの中で、**「この試練は神様からのメッセージでは！」**と思いました。退院後は自宅でゆっくりと療養、その7ヵ月後に「かねてから行きたかったアメリカへ語学留学しよう！」と心機一転し、未知なる世界へと旅立ちました。

私の人生にとって、記念すべき30歳の夏となりました。帰国後は、再び広告業界へと戻りました。それからは、いっさい迷いがなくなりましたね。

しかし、こうして今、講師の仕事をさせていただけるのは、私に与えられた、**もう一つの使命だったのかも知れない**と感じています。

創業支援セミナーで女性の起業を応援

「ミズ輝業塾」を立ち上げたのは、茨城県が主催する女性のための創業支援セミナーの講師を依頼されたのが、きっかけでした。２００９年の秋、起業したい方々のために自分自身の創業体験を交えて、講演する機会をいただいたのです。このセミナーの最後にホワイトボードに書き記したのが、「ミズ輝業塾」という文字でした。私が夢実現したい一つとして掲げたのです。真剣な眼差しで聴いている受講生を前に、私自身の体験が少しでも役に立ち、刺激になればと痛感したからでした。

その後、実際に起業した受講生の方々から、名刺の依頼や新しい事業の報告をいただいたときは本当に感激したものです。一人ひとりが**「自分の輝く、業で、力を発揮し、夢を叶える」**こんな姿をみていると、こちらまで幸せな気持ちになってきます。

さらに、東日本大震災が起きた2011年の夏のあいだ3ヶ月間に及び、厚生労働省が推進する「緊急人材育成支援事業」の講師を担当しました。授業では、色彩理論とカラー&イメージスケールを取り入れながら、マリッジアドバイザーをめざす受講生の「セルフブランディング」です。

自分自身の強みを見出し、整理していく作業は、とても大切になってきます。講義を重ねるごとに皆さんの表情がイキイキと輝き、自信に満ちていく様子が目にみえてわかるようになっていきました。

また、自分色をみつけるパーソナルカラーの授業では、理論だけではなく洋服やアクセサリー、スカーフを持ち寄って、実際にファッションコーディネートやメイクレッスンを行いました。

「素敵！」と教室内は大盛り上がり。キレイに変身してハイテンション、面接用の写真を撮ったり、女性ならではの楽しい一日でした。ちなみに男性の受講生1名は圧倒されながらも、そのムードにすっかり溶け込んでいました（笑）。

最後の授業では**「マイ・ブランディング」**をテーマに、プレゼンボードづくりをしました。一人ひとりが教壇に立って発表しあい、夢を語り、**「新しい自分と出会う素敵記念日」**となりました。

息子が2歳のときから学びはじめた色の世界、その必然の出会いから早18年。

「継続は力なり」を肌で実感しています。おかげさまで現在では、（社）日本パーソナルカラリスト協会の色彩診断士、検定指導員としても活動中です。

色彩プロの資格取得コースやカラースペシャル実践コース等を開講、ネイリストやフラワーデザイナー、ブライダルプランナー、着物コーディネーターなど、その道のスペシャリストの方々が受講され、仕事のスキルアップに役立つと喜びの声もいただいています。

セルフブランディングは成功への第一歩

これまでにイメージコンサルタントとして2000人以上の方々に、パーソナルカラー診断をしてきました。似合う色&イメージづくりは、その方の個性を引き出し、魅力的に輝かせてくれます。

結婚式で主役になる花嫁さんのドレス選びや、テーブルコーディネートのお手伝いをしてきました。また、再就職セミナーでは、職場へ復帰して、現役で働きたい方向けに、面接時の好感度アップの見せ方や、好印象の服装テクニックなどをアドバイスさせていただきました。

女性の経営者の場合は、基本的にパーソナルカラー診断をしてから、具体的な販促ツールの提案や企画をさせていただき、制作するようにしています。といいますのは、似合う色やイメージを把握することで、店舗やサロンのブランディングづくりに、オーナーらしさが一段と反映できるからです。

色の世界を学ぶことで、**「パーソナルカラー（アンダートーン理論）と色彩マーケティング」がコラボし、より効果的な輝業実現のお手伝いができる**ようになりました。これが、**ミズプランのひとつの「強み」**でもあります。

たまたま自分は、それが色の世界でしたが、長い時間かけて熟成させた「業」は、必ず花開くと実感しました。「学びの力」は偉大ですね。

最愛の父から学んだ最期の教え

私事ではありますが、家族から教えられた「学びの力」を少しお話したいと思います。1998年2月17日、自宅で療養中の父が心筋梗塞で他界しました。私の実家は県外ですので、無念にも最期を看取ることはできませんでした。

我が息子をこよなく可愛がり、胃ガンの術後のときでさえ、膝にのせて抱っこしてくれた優しい父。私の仕事の相談役でもあり、良き理解者、そして心から敬愛する父でした。私は長女ですが、3人兄弟の真ん中、兄と弟がいます。幼い頃から父に言われてきた約束事がありました。

「仲良きことは美しきかな」（武者小路実篤）の言葉です。

兄弟同士はもちろんのこと、生きていく上で大切な教えの一つになっています。

また、時代劇が好きだった浅草生まれの父は、役者をめざして、日本全国を巡業したことがあったといいます。19歳のときに召集令状が届き、結局、その夢は叶いませんでしたが、道中のことなど楽しそうに話してくれました。

寒い冬空の下、横須賀海軍で腎臓を患って死に直面したこと、東京が大空襲を受けて住居も焼け野原になり、終戦後は松戸市へ一時疎開、その新天地から日本橋にある証券会社へ通勤したとも話してくれました。

最終的には、東武伊勢崎線（浅草ー伊勢崎間）が開通していた祖父の知人を頼りに群馬県へと転居、私が産まれ育った地へ永住することになったことなど、たくさんのエピソードを語ってくれた父……。母からは結婚前に、父と上野公園や日劇でデートした若き日のロマンティックな思い出話も聞かされていました。

様々な父との出来事が走馬灯のように蘇ってきた途端、涙が溢れ出てきました。それを拭いながら、水戸から片道4時間の道のりを運転し、故郷へと急ぎました。

氷のように冷たく硬くなった父の身体を清めながら、「死」は誰にも訪れる…。生かされている一度きりの人生、大事に生きなければと心底から思いました。悲しいけれど、**宿命（さだめ）と対面した亡き父から最期の「学び」となりました。**

コラム（輝く仕事術）

◆経営学者ドラッカーの「学び」とは

ピーター・ドラッカーはオーストリアのウィーン出身。1930年代に渡米し、経営やマネジメントなど数々の著書を執筆、大学教授としても教鞭を執り、アメリカの経営学者ともいわれています（1909～2005年）。

数年前、日本で彼の経営コンサルタントとしての手腕が脚光を浴び、大ブームがおきた出来事がありました。

それは、「もし高校野球の女子マネージャーがドラッカーの『マネジメント』を読んだら」の小説（2009年発行・岩崎夏海著）がベストセラーとなり、アニメ化、漫画化、映画化されたときでした。

なかでも当時、「AKB48だった前田敦子」が主演した映画は話題となりました。

舞台は、ある公立高校の野球部。マネージャーとなった一人の女子高生が、弱小チームを何とかしようと決意し、「マネージャー」の仕事が学べる本を探しに書店へ足を運んだことから好転していきます。そこで、出会ったのが、ドラッカーが著した「マネジメント 基本と原則」という本でした。この本から、組織や団体、企業などの管理者＝マネージャーとして必要な資質を学び、野球部員の意気を高めて、甲子園へ出場するまでにしていくストーリーです。

原作はフィクションですが、高校2年生の主人公が経営学者ドラッカーの理論を自分なりに応用し、実践することで不可能なことを可能へと導き、結果を出していったことが、「学ぶ力」の凄さを物語っていたように思います。

『20代から身につけたい ドラッカーの思考法』（藤原伸二著・中経出版）の本の中でドラッカーは、成熟した情報化社会では、もはや自分の「経験」だけでは不十分。学生時代に勉強するのはもちろん大切だが、社会人になってからも学び続けることで、一流のビジネスパーソンになれると……。

つまり、積み重ねてきた「経験」と裏打ちされた「知識」の両輪が咬み合ってこそ、事業も経営も旨く運ぶというのです。

「芸は身を助ける」といった諺がありますが、ドラッカーも「生涯を通じて、自分で自分の身を守る術を持ったほうがよい」と提唱しています。

将来を切り開き、「なりたい自分」づくりは、まさに、あなた自身の「学びの力」にかかっているのです。

◆資格を取得するにあたっての心構え

大学や専門学校、ビジネススクール、カルチャーなど学べる環境が整っている現代、自分のライフスタイルにあった学び方を選択するのが一番です。

その上で、「取りたい資格は何か」「ニーズはあるのか」「将来、役に立つのか」など吟味することが大切になってきます。もし、あなたが今、勤めていたり、子育て中だったとしたら、まずは通信教育やインターネット講座、DVD教材等からはじめてみるのも一つの方法です。

なぜなら、輝業力レッスン2「学びの力」の文中でも紹介しましたが、起業していた私自身が、2歳児を抱えながらも、通信講座で「カラーコーディネーター」の勉強を続けることができたからです。さらにその後、環境が許すようになってから、都内の研究所やスクールへ通って、スキルアップしていったという経験があります。

そのとき学んだ知識や技が基礎となって、今では、(社)日本パーソナルカラリスト協会の認定指導員および色彩診断士になることもできました。

◆セルフブランディングって何?

簡単に説明しますと、個人が自分自身の価値を高め、専門性を磨き、ブランド化していくこと、それが「セルフブランディング」です。ソーシャルメディアが急速に進化する昨今、ブログやフェイスブック、ユーチューブ等のメディアを通じて、自分をプロモーションする人たちも急増しています。この結果、個人でも大企業と同じ土壌で商売することも可能になってきました。

その一方、会社は「企業ブランディング」また、企業の組織の中の「個人」がブランド化するのは、「パーソナルブランディング」といわれています。

学びながら、「なりたい自分」を描き、目標に向かって、自分自身を演出していくのも、このセルフブランディングにかかっているかも知れません。

輝業力レッスン3【磨きの力】

～自分の強みをみつけるヒント～

輝業力レッスン３【磨きの力】

～自分の強みをみつけるヒント～

大不況こそ超ポジティブの発想が大切

ミズプランの看板娘である素敵美人を応援する女性誌「ブライド」が産声を上げてから15年目の初春。２０１０年1月に、キラリと光る生き方や働き方を紹介した「輝業美人」の本が発刊になりました。

ときはリーマンショックの波が押し寄せた２００8年の秋。**世はまさに百年に一度といわれる大不況、こんな時期こそ、「素敵な生き方」や「輝く業」が大切**なのではと、本のタイトルを「輝業美人（きぎょうびじん）」と名づけ、編集が始まりました。

本誌では「輝業」をテーマに「飾・習・癒・美・装・婚」のジャンルから構成、

また創刊当初より親交を深めてきた女性オーナーにインタビューし、その横顔を、「いきいき仕事スタイル」で紹介していくといった企画です。6つのジャンルには2名ずつ、専門分野のスペシャリストを掲載できるように人選し、この主旨を一人ひとりへ伝えていきました。

広告協賛にもかかわらず、期待以上に大抵のオーナーさんが快く取材に応じて下さることになりました。長年の歳月をかけて共に成長してきた店舗やサロンの魅力的な淑女たち「輝業美人の企画は、必ずうまくいく」と確信したのです。

サイズはA5、本文100ページの体裁にして印刷代や製本代、制作代の見積りを算出してから、広告掲載料金を設定しました。さらに、書店販売も念頭に置きながら、発刊へ向けて全力で走りだしました。

読書の方々が、**「素敵なモノ、輝くコトをみつけながら、より暮らしが楽しめる情報満載の本」**にしたいと心に誓ったのです。

仕事スタイル「輝業美人」を企画出版

ブライド創刊のときに学んだ方法で、まずは協賛店のリストづくりからスタートしました。目標を50社に掲げて、これまでお世話になったお客様へ企画書と料金表を持って、ご案内に伺いました。短い方で5年、長い方では創刊号以来からのおつきあいになるお得意様です。

編集する上で心がけたのは、お客様を6つのジャンルに均等になるように配分すること。お店紹介は宣伝効果の高い記事スタイルで広告掲載するように工夫した点です。また、オーナーのインタビュー記事は、彼女たちの専門ジャンルの章中で紹介、エピソードを交えながら、人柄が伝わるような読み物風に仕上げたいと提案してみました。

その際、ラフデザインをお見せしながら、「こんな感じで載りますよ」と説明していきました。最初は顔写真が掲載されるのに抵抗があった方もいらっしゃいましたが、いざ当日取材に伺うと、皆さん、勝負服でキラキラと輝いていました。「イキイキ仕事スタイル」の撮影は、フォトグラファーとしても活動している夫が担当し、私は執筆にあたりました。こうして、キラリと光る女性オーナーの横顔を紹介することが実現できたのです。

企画立ち上げから約1年余り、登場してくれた**皆様方との交流の深さに心より感銘、**15年間の喜びがこみ上げてきました。

❖　❖　❖

取材、撮影、編集、データ制作と進む中で何度も推敲を重ねたのが、表紙のイラストでした。10パターン以上の装丁はおこしたでしょうか。夜中まで検討した日もありました。そして、ついに納得いくイラストレーターの作品に出会ったのです。表紙と各章の扉は、彼女のイラストで統一し、背景の色は、ジャンルごとに6色の基調色を使ってデザインしました。

さらに15年間、ブライドの誌面で掲載してきたコラムを一部修正、構成しなおして読み物のページとして盛り込んでいきました。

ついに最後の詰めです。年末年始を返上しての追い込み、元旦は創刊号から15年間分を引っ張り出して撮影、「表紙で楽しむブライド史」の編集作業です。

読者からの葉書きについつい見入ってしまったり、その号その号にまつわる数々のエピソードが甦ってきました。

新卒から入社して約10年の間、ミズプランの若きホープとして活躍してくれたKさん、結婚して車で1時間かかる距離になってしまったにもかかわらず、「ブライド」をはじめ、「輝業美人」の制作も手伝ってくれました。また、ブライドの創刊号から出産するまでイラストや編集に携わってくれたスタッフのYさん。ご苦労様です、本当にありがとう！

「続けてきてよかった！」と心底から思える瞬間でした。

夢を叶えるには熱き想いと行動力

フリーペーパーは発行していましたが、書店で販売する実績は皆無。取次店に委託するには、それなりの条件をクリアしなければならないのが現状でした。

ISBNコードの取得は多少の時間は要しましたが、必要な書類を準備して滞りなく契約書を提出。規定の料金を支払い、スムーズにコトが運びました。

苦労したのは書店での販売です。「とにかくあたってくだけろ」という気持ちで茨城県内にある有力な書店の本部へ電話し、流通にのせられるように交渉していきました。

お蔭様で、県内の大型書店約40店舗、協賛賛店約30店舗で販売していただけることになりました。県内の南から北まで真冬の道をひたすらクルマで走りました。冷たい北風が心地よく感じられたのは、**想い描いた夢がカタチ**になった感慨の方が大きかったからかも知れません。

20年来、取引している印刷会社の営業担当Sさんにも、多大な協力をいただきました。本当に大勢の方々の誠意と真心に支えられ、発刊できたブライド創刊15周年記念号『輝業美人』。永久保存版として茨城県内すべての図書館や公共機関へ寄贈しました（お蔭さまで書店での販売は好評にて2011年5月に終了）。

目標をさだめ、誠意をもってあたれば
道は必ず拓けるもの

好きなコトで起業する輝く女性たち

「輝業美人」を発刊して痛切に感じたことは、「好きなコト」を仕事にしているオーナーが多かったことでした。特に女性は自分もそうでしたが、続けているうちに起業ができて仕事になるケースです。

最近では、主婦業と子育てを両立させながら自宅をサロンにして、趣味を仕事にするサロネーゼも増えています。ブライドの創刊以来、歳月を重ねるごとに、女性が経営するショップは増加の一途です。まさにキャリアを積んで業を磨き、好きな仕事でイキイキ輝く姿がありました。また、皆さんに共通していたのが、**お客様に喜ばれるコトが一番のやりがい**だったコトです。

女性ならではの感性を見事に活かして、フラワーショップやアロマショップを経営するオーナー、また、エステサロンやネイルサロンのスペシャリスト……。**「磨きの力」で、旬を生きる輝く女性たちでした。**

花開いた女性オーナーのやりがいとは

そこで、弊社が２０１０年に出版した「輝業美人」の本に仕事スタイルで登場していただいた３名の女性起業家たちをご紹介したいと思います。

♥バラ雑貨店オーナー&心理カウンセラー

一人目は、夢のある暮らしをお客様と創りながら15周年を迎えたバラ雑貨店オーナーの愛子さん。独身時代は保母さん、そして結婚出産後は、２人のお子様を育てながら、店を切り盛りしてきたキャリアママです。公私共に親しくしていますが、笑顔がとてもチャーミングな女性。そんな彼女の仕事への心くばりにはいつも感心させられます。**相手を想う謙虚な姿勢が、お客様に長く愛され続けてきた秘訣かもしれません。**

また、彼女は東日本大震災後、思うところがあって、本格的に心理学を勉強し、カウンセラーとしての仕事もスタートさせました。

オルゴールの音色が流れるエレガントな店舗内。19世紀の古き良き時代、このヴィクトリアンの世界に憧れて１９８６年に起業、カフェ&雑貨ショップをオープンさせたといいます。バラをモチーフにピンク色のロマンティックな生活雑貨に包まれた空間は、愛子さんの優しいお人柄が伝わってきます。

マニーの可愛い食器やアンティークドールが、来店する方々を温かくお出迎え。まだ地方では雑貨店が珍しい時代、渋谷にある専門学校でそのノウハウを修得。旦那様の協力もあり、開店に至ったと話してくださいました。さらに1997年に現在の雑貨&洋服ショップへとリニューアル。彼女の極めた感性が、ますます輝きはじめます。幼い頃、お土産で頂いた外国製の宝石箱に心ときめいた思い出を胸に秘めながら、お客様と談笑する姿がありました。

仕入れから管理、接客と一人何役もこなす毎日。そんな重責を感じさせない少女のような装い、**可愛らしいお人柄がお客様に愛され続けてきた一つの強み**ではないでしょうか。「選んだお洋服に喜んでいただいた時、お求め下さった雑貨でお部屋がステキになったとご報告があった時、とても嬉しくなります」と、やりがいを語ってくださいました。ショップ内のセラピーサロンでは、心理カウンセラーとして、お客様の相談や心のケアにもあたっています。

♥パワーストーン専門店の若き女性経営者

２人目は、好きなコトを仕事にしたいと20代前半で起業し、テナントを借りてパワーストーン専門店を開いた志織さん。評判が評判を呼んで、なんと7周年には土地から購入し、自社店舗を構えるまでに成長しました。そして、念願だった会社を設立したのです。

子供の頃から、海や河原にある石に魅かれて集めていたという志織さん。旅行先では気になったパワーストーンをつい買ってしまった思い出も多いそうです。「不思議と願い事が叶ったんですよ」と自分なりに効果を実感してきたことが、専門店を持つ原点になったと柔らかな物腰で語ってくださいました。お店を始めた頃はパワーストーンの認知度は低く、お客様に知ってもらうのに苦労もあったといいます。

そこで、仕事の傍ら、天然石１級の資格を取得し、専門知識や技術に磨きをかけていきました。**品質や種類に徹底的にこだわり、自分の目で確かめて仕入れ**をしています。今では５００種類、５０００点以上の高品質の天然石がショップ内に陳列されています。

店舗の魅力の一つは、志織さんがお客様の様々な悩みや願望をきいて、オリジナルのブレスレットやストラップを制作していることです。だから、リピーター客も多く、お客様からの喜びの声が詰まった、「お便り掲示板コーナー」も設けてありました。

来店した方が癒されたり、気持ちが安らいだり、そんな雰囲気を感じる店づくりを心がけているともいいます。さらに今後は、パワーストーンの正しい使い方や総合的なアドバイスができるように、知識や経験を深めていきたいと凛と語る横顔が印象的でした。**「磨きの力」を実践している女性経営者**です。

♥オーダードレスデザイナー25年のキャリア

3人目は、オーダードレスデザイナーの信子さんです。彼女は20代の頃、都内の某婦人服メーカーで働いていました。そのとき、オリジナルブランドを立ち上げ、自分の結婚式には手作りしたウェディングドレスをお召しになって、披露宴をされたそうです。

この日の感動がきっかけとなり、故郷である茨城県へUターン、旦那様と輸入家具などを扱うアンティークギャラリーをオープン。時期を同じく、ギャラリー内にオーダードレス専門店を併設されたといいます。以来、育児や家事を両立させながら、ウェディングドレスやステージ衣装を創り続けています。

そこで、25年のキャリアを積んできたデザイナーならではのこだわりや、喜びを伺ってみました。「デザイン画から制作まで一着一着、真心を込めて丁寧に仕上げているんですよ」と信子さん。これまでに手掛けたドレスの数は1000着以上、花嫁さんお一人お一人にとって、世界でただひとつのウェディングドレスを創作してきたそうです。また、プロとしてのこだわりは、上質な素材選びや時代のトレンドを意識したデザインにありました。これらをベースに花嫁さんが**本来持っている素質を引き出し、カタチに表現**していくのだと……。デザイナーとしての妥協のないメッセージが伝わってきました。

そして挙式当日、お創りしたお客様からウェディングドレスに誇りが持てたと、感謝の言葉を頂いた時、やりがいを感じる瞬間でもあり、本当に嬉しかったとも。一着作るのに約2～3ヵ月、花嫁さんとの**信頼関係はとても大切ですし、様々な方々との出会いがあり、喜びを肌で実感**できたからこそ、長く続けてこられたともいいます。まさに「磨く力」を極めてきた賜物ではないでしょうか。彼女のリメイクしたオリジナルドレスは、展示会にも入選しています。

「私は私のウェディング」をテーマに、マイドレスを作る喜び、着る楽しさを広めていきたいと、さらなる夢を膨らませていらっしゃいました。

女性起業家に共通するビジネスの強み

「輝業美人」の本を出版することにより、自分が想い描いた以上に波及効果がありました。今まで、県内でこれほど多くの女性起業家や女性の顧客をメインにした店舗やサロンを紹介する冊子がなかったからではないでしょうか。

この本をご覧になって「自分も掲載されたかった、次はいつ発行になるの」といった有難い声も頂戴しました。

また、驚いたことに掲載協賛店50店舗のうち、約半分がキャリアママだったのです。旦那様がサラリーマンで、経済的心配のない方もいらっしゃいます。仕事のスタンスは、それぞれ違ってはいましたが、皆さんに共通していたのが、その道のプロとして**得意分野の「業」=「強み」を活かして自己実現**されていたことです。年代は30代前半から60代後半、職種も実に千差万別、個性的に輝く顔ぶれとなりました。

この「輝業美人」を通じて、世の中の変遷を身近で感じました。私が会社を設立した20年前は、クライアントの大方が男性の社長さんでした。しかもどちらかといえば大手企業です。その男性社会の中で自分の能力が発揮できたのは、エンドユーザー（消費者）が女性だったことが大きかったように思います。前半の10年間は、このターゲットとなる女性の感性に響く仕事をしてきました。

後半の10年間で、取引先は未婚・既婚問わず女性の経営者が増えてきて、「売り手も買い手も女性」が多くなり、ますます**女性に好感度の高い仕事が求められる**ようになってきています。まだまだ緩いカーブではありますが、確実に女性にとって、夢実現しやすく、優しい時代がやってきたのです。

「輝業美人」の出版は、これまで実績として積み上げてきた弊社の**「女性の視点から女性の感性に響く仕事」が「強み」**になっていると、再認識できた嬉しい結実となりました。これからも、この「強み」を活かしながら。皆様方と共に業を磨き続けていきたいですね。

コラム（輝く仕事術）

◆自分の強み＝ＵＳＰ

お店やサロンを出したい、会社をつくりたい、でも、自分は何が得意？　人と比べて秀でた能力は？　好きなコトって？　といろいろ考えるかもしれません。そこで、重要になってくるのが、「自分の強み」を知ることです。最近、よく耳にするのが「ＵＳＰ」という言葉ですが、

「Ｕ」とは、Unique（ユニーク）
「Ｓ」とは、Selling（セリング）
「Ｐ」とは、Proposition（プロポジション）

これらの頭文字からきています。つまり、ユニークは独自の意、セリングは売りの意、プロポジションは提案の意となります。

起業（新しく事業を起こす）する場合、この自分の独自の強みをどのように売りだし、お客様へお届けしていくのかが大切です。それは独りよがりではなく、お客様サイド（顧客サイド）から客観的に見て、必要とされる「自分の強み」といえます。

漠然と頭で考えるより、紙に書き出すところからはじめてみましょう。自分の長所や得意なこと、好きなこと、資格、経歴など思いついた「独自の売り」を、できるだけ多く挙げてください。それから、自己分析ツールとしてよく使われている「ＳＷＯＴ分析」で、さらに明確にしていきます。

◆ＳＷＯＴ分析で市場ニーズを探る

ＳＷＯＴ分析とは、企業や組織、個人が、目標の達成や、新規プロジェクトを立ち上げるとき、ライバルとの差別化を図りたいときなどに活用されている分析ツールのひとつです。

「強み（strength）」
「弱み（weakness）」
「機会（opportunity）」
「脅威（threat）」

の4つから構成されています。

そして、「強み」と「弱み」は内的要因になり、「機会」と「脅威」は外的要因になります。

例えば、花屋さんを開業したいとします。自分の「強み」は、「海外へ花留学、国際的に通用するフラワーの資格を取得、これまでに多くの生徒に教えてきた実績があり、その道のスペシャリストである……」

自分の「弱み」としては、「市場から仕入れをした経験がない、初めて商売するので経営的な知識がまったくない……」この2つが、内的要因になってきます。

フラワーショップの場合

「SWOT分析」で自分の強みをみつける

	ポジティブ	ネガティブ
内的要因	**Strength** «強み» ●海外へ花留学 ●国際的に通用するフラワーの資格取得 ●多数の生徒さんを教えてきたスペシャリスト	**Weakness** «弱み» ●市場から仕入れをした経験がない ●経営的な知識がまったくない
外的要因	**Opportunity** «機会» ●個性的なデザインが求められている ●無店舗のネット販売もできる ●ギフト用のニーズが高まってきている	**Threat** «脅威» ●価格競争では量販店に勝てない ●ネットショップは、デザインやサービスなどが模倣されることもある

「機会」は、「花の世界も多様化し、その種類は実に豊富になってきた。生花をはじめプリザーブドフラワー、アーティフィシャルフラワーなどの需要も高まってきている。より個性的なデザインが求められ、価格でなく付加価値の売りで勝負できる時代でもある。ネット上で販売する無店舗のフラワーショップも増えて、ギフト用のニーズは増加傾向にある……」

「脅威」は、「路面店にする場合、近くにホームセンターのような量販店があると価格競争に飲み込まれる。また、ネットショップは全国や世界が市場になる反面、ともすればオリジナルのデザインや顧客サービス等の方法を簡単に模倣されることがある……」この2つが、外的要因になってきます。

これら分析例から言えることは、「弱み」は得意な人材を探してクリアし、自分は「強み」をより磨き、どのように市場を開拓していけばよいのか、店づくり全体をマネージメントする方が、商売繁盛につながっていくのではないか。内的要因は、このように自分たちサイドで改善できるものになります。「強み」と「機会」をコラボさせ、積極的に展開していくことが、市場のニーズを作りだし、成功できる重要なポイントです。

「弱み」と「機会」では、「弱み」である苦手な部分は克服し、外的要因で恵まれている「機会」を活用していけば良いのです。

また、「強み」と「脅威」では、利点である「強み」を最大限に活かし、外的要因のマイナス面の「脅威」に対処していけば良いことになります。

そして、「弱み」と「脅威」を常に念頭におきながら、改善点を見出す努力をしていけば、必ず良い兆しがみえてくるでしょう。

◆消費行動はアイドマからアイサスへ

サロンやショップを経営したら、お客様に来店していただける店づくりが重要になってきます。どうすれば、何度も足を運び、商品やサービスを買ってもらえるのかということです。

そこで、消費者が購買決定をする際、心理プロセスとして「アイドマ」と「アイサス」という代表的な2つのマーケティングモデルをご紹介します。

アイドマ（1920年代アメリカのサミュール・ローランド・ホールが提唱）とは、

1・注意＝Attention
2・関心＝Interest
3・欲求＝Desire
4・記憶＝Memory
5・行動＝Action

の英語の頭文字をとった造語です。

つまり、消費者は、ある商品やサービスを購入する場合「何かで知って（A）、興味を持ち（I）、欲しいと思い（D）、覚えておこう（M）、買おう・行こう（A）」

消費者行動はアイドマからアイサスへ

アイドマ ＝ AIDMA

- Attention → 注意を促す
- Interest → 興味を持つ
- Desire → 欲求する
- Memory → 記憶する
- Action → 購買する

▼

アイサス ＝ AISAS

- Attention → 注意を促す
- Interest → 興味を持つ
- Search → 検索する
- Action → 購買する
- Share → 共有する

といった5つのプロセスを経るという考え方です。

アイサス（株式会社電通の登録商標）とは、

1・注意＝Attention
2・関心＝Interest
3・検索＝Search
4・行動＝Action
5・共有＝Share

の英語の頭文字をとった造語になります。

アイドマとアイサスの大きな違いは、アイサスには検索（S）と共有（S）が入っていることです。インターネットや検索エンジンの出現、ソーシャルメディア時代になった現在、消費者が情報を自ら調べ（S）、その情報を共有（S）し、購買へと結びついていくといった考え方です。このように購買心理のプロセスも変化してきています。サロンやショップ経営にも活かしていきたいですね。

輝業力レッスン4【創造の力】

~成功者から学びのヒント~

輝業力レッスン４【創造の力】

～成功者から学びのヒント～

本の著者として全国デビュー

学生のバイブルといわれているペリカン社発行の「なるにはブックス」。青少年向けの職業ガイドとしてロングセラーになっている書籍シリーズです。これまでに話題の職種150点以上を刊行。現代に生きる若者たちの夢を応援する指針にもなっています。

この栄えある書籍の著者として執筆を依頼されたのは、バブルも絶頂期、日本が好景気の１９９０年でした。当時、(株)電通の部長をされていたKさんとの運命的な出会いにより、**「イベントプロデューサーになるには」の本を手がける**ことになったのです。

日本列島には大型イベントのラッシュが押し寄せ、その迫力と規模の大きさに、どこから切り込んでいったらよいのか、皆目検討がつかない状況から企画が始まりました。Kさんや出版社の方々とブレーンストーミングをしながら、糸口をみつけていきました。体裁はB6サイズ、150ページの構成です。

1章は生のイベントを取材して、ドキュメントタッチ（「手づくりのイベントが共感を呼ぶ」）で伝える……

2章は実際に全国で活躍しているプロフェッショナルを訪ねて「イベントプロデューサーの世界」を紹介する……

3章はこの主旨である職業につくためのヒントや資格取得にあたっての「なるにはコース」を紹介する……こうしてガイドラインが出来上がり、制作にとりかかっていきました。

しかし、それから発刊までの道のりは、一筋縄でいく容易なものではありませんでした。出産や会社設立とも重なり、5年間の歳月をかけてやっと世に送り出せたのです。この本作りを貫徹するまでに何と多くのことを学ばせてもらったことでしょう。まさにプロフェッショナルが活躍する現場を取材する中で、仕事を通じて**「人を幸せにする達人」になりたいと夢が果てしなく広がっていきました。**

その一部をご紹介します。

東京ディズニーランド仕掛人と夢の対談

1983年、日本初のテーマパークとして千葉県浦安市に誕生した東京ディズニーランド。隣接したディズニーシーと合わせると年間の入場者数は延べ2500万人以上、子供から大人までを魅了する、まさに、現代版おとぎの国といえます。この巨大エンターテイメントの誘致から開園までを総合プロデュースした人物が堀貞一郎氏でした。

彼の著書「人を集める なぜ東京ディズニーランドが〝はやる〟のか」（TBS

ブリタニカ刊）を読んで感銘をうけた私は、早速、取材依頼のために手紙を書きました。とにかく直接お会いして、話を伺いたかったのです。

この熱意が伝わり、月に3回は海外へ出張する超多忙なスケジュールにもかかわらず、ひとつ返事で取材を引き受けてくださいました。心ときめかせながら、都内にある堀氏のオフィスを訪問。第一印象は実年齢よりはるかに若く、笑顔がステキな紳士、いい仕事をしている達人の姿がありました。

気さくなお人柄、ご自身がプロデューサーとして開眼したときのエピソードからプロデューサー冥利につきた体験談まで、手品のような極上の仕掛づくりを、初対面の私に惜しげもなく語ってくださいました。

インタビューの最後に、21世紀は顔や名前を持ち、嗜好を持つ個人が楽しめる「レジャーの明治維新」と提言！

「**人種を超えて次代へ引き継げるものを手がけていきたい**。しかし、それは、一世代で完結できることではないから同志を集めたい、そのまとめ役がプロデューサーの仕事である」と力強いメッセージを投げかけてくださいました。

この取材から学んだ堀氏の哲学、**新しいコトを創造する信念の強さ**は、今でも私の心の糧となり、仕事の中で脈々と流れています。

人と自然が共存する感動的な街づくり

5年間を通して最も遠方だったのが長崎の取材でした。日帰りでは難しいため、茨城県水戸市から2歳の息子を車に乗せて、神奈川県茅ヶ崎市にある夫の実家へ預けることにしました。翌朝、茅ヶ崎駅から電車で羽田空港へとUターン、長崎空港へと飛び立ったのです。

夫はフォトグラファーとして同行。初日は長崎市役所を訪ねて、長崎ハウステンボスの資料をいただきながら、歴史的背景やプロジェクトに関するお話等を伺いました。そこからホテルへ向かう帰路、市街地を歩くと、様々な場面で原爆の爪跡が残存する光景が目に入ってきました。平和祈念像の前では、戦争の悲惨さをあらためて痛感したものです。

2日目、いよいよ目的地である長崎ハウステンボスへと出発しました。

1992年3月、未来のテーマパークとしてオープンしたハウステンボス。400年の歳月をかけて、国土の3分の1を干拓により広げながら、国づくりをしてきたオランダの町並みや風物詩を再現した巨大リゾート地です。**構想は「人と自然が共存する新しい街」の幕開け**でした。

水と緑と、風車が暮らしのなかに溶けこんだエコロジカルな美しい国、オランダ。この叡智を今に生かしたハウステンボス（オランダ語で森の家）に足を踏み入れた途端、その奥深さが伝わってきました。真夏の青空の下、船で運河を走りながら、魂が喜び、心が研ぎ澄まされていくのを感じたのです。

あれから20年近くが経過し、ハウステンボスは様変わりしました。経営難や施設の老朽化など危機的な状況に直面している話を、マスメディアなどでも耳にしていました。
しかし、ここ数年で明るい兆しがみえはじめてきました。旅行会社「エイチ・アイ・エス」が再建に乗り出し、その会長である澤田秀雄氏の新たな挑戦が始まっています。**「観光は平和産業」**と銘打って、**人や自然に優しい様々な試み**が動き出しました。園内には香り高き百万本のバラが咲き誇り、訪問者の心に響く音楽も流れています。さらに夜ともなれば、オランダのシンボルである風車がライトアップ、東洋一といわれる一千万球のイルミネーションが灯る「光の王国」も出現しました。また、ハウステンボス内には、再生可能なエネルギーを検証できる未来施設「スマートハウス」も建設（2013年）されるようです。長崎県佐世保市から環境未来都市への夢づくりが船出しました。

❖　❖　❖

東日本大地震や放射能問題、経済危機など課題が山積する昨今、**人と自然に優しい環境づくり、そして人々を感動させ、幸せにするエンターテイメントの仕掛**

けづくり＝創造が求められているのではないでしょうか。

2人のプロデューサーから「創造する力」を学ばせていただきました。一企業、一世代では成し得ることのできないビックプロジェクトを追い求める、男たちの壮大なロマンに惹かれましたね。

本の出版から広がる人脈とフィールド

映画や演劇、音楽プロデューサーが仕掛ける一流のイベントやメセナ、コンサートへも積極的に参加し、取材していきました。これらの現場から人として、仕事人としてかけがえのない財産をたくさん得た尊い日々。第一線のプロから学んだ仕事術を活かして、私自身も商店街や企業、ホテルのイベントを企画する機会が多くなっていきました。

大手商事会社が主催した全国イベント業者が集う勉強会の講師を依頼され、都内のホテルまで足を運んだこともありました。
また、本をご覧になった都内にあるイベント専門学校から入学・学校案内の販促ツール一式を頼まれたこともありました。「途中で投げ出さなかった5年間の努力、そして、一冊の本を創造する力が実った」と感慨もひとしおでした。

❖　❖　❖

自分の成し遂げた仕事が、皆様のお役に立ったときに沸きあがってくる感動、堀氏がおっしゃった「冥利に尽きる」の世界観を垣間見たような気がしました。
この本が出版になったのは、素敵美人を応援する「ブライド」創刊から2ヶ月後、怒涛のような日々が過ぎ去った初夏の頃でした。

❖　❖　❖

「本気で向きあった仕事は必ず答えが返ってくる」と確信した貴重な礎となりました。地元の新聞社や大手新聞社が記事として取り上げてくださり、これが信用となって、さらに大きな仕事へと繋がっていきました。

ブライダル業界の新境地を開拓

いま振りかえると、1995年は私個人、ミズプランの会社にとって未来への架け橋を創造する飛躍の年だったといえます。この年に、自主媒体のフリーペーパーがスタートし、本格的にブライダル業界へ関わる仕事をしていくことになったのです。

北関東で最多の結婚式組数を誇っていた県内にあるホテルとおつきあいできるようになったのも、全国発売になった「イベントプロデューサーなるには」の本と「ブライド」がきっかけでした。最初は広告協賛店として取引していましたが、1年後には、ブライダルショーの販売促進全般をお手伝いさせていただけるまでになりました。

第一弾は、世界的に活躍されているウェディングドレスのデザイナーを招いての「ブライダルフェア」でした。ファッションショーは決定していましたが、その華麗なる一日をどのように演出していくかが私の大仕事、まずは企画書づくりから着手しました。ホテル内の見取り図をおこしましたが、バンケットルームが10会場、敷地内にはチャペルが2つあるなど施設だけでも圧巻、とにかく広いのには驚きでした。「なんだかワクワクするイベントになりそう」と、血が騒ぐって感じがありましたね。

心待ちにしていたホテル会議室でのプレゼンテーションは無事に終了。ホッとしたのも束の間、それからはミーティング&ミーティングの連続。ブライダルフェアへ向けて全力で走り続けました。猪突猛進、両社のスタッフ総勢で創りあげていったのです。

会場内のテーブルコーディネートや装花、招待状、折り込みチラシ、看板などはカラーやイメージを統一させて制作しました。ブライダルショーの当朝まで、油断できない会場づくりは、大学の文化祭で徹夜した、あの青春時代の一体感、イベントならではの醍醐味を肌で実感した一夜となりました。

明け方近くまで共に創り上げた担当者Bさんとは、それからというものブライダルを中心に、数々の仕掛けづくりを15年以上にわたって一緒にやらせていただきました。ユーモアのセンスある創造力豊かな企画マン、例え大変な仕事でも最後までやりとげる粘り強さから、プロ意識を学びました。

私事ではありますが、この緊迫した会場準備中に3歳の息子をお風呂に入れるため、いっとき自宅へ帰宅できたのは、まさにキャリアママのなせる業でしたね。子供は待ってくれないのが現実ですから（笑）。

なにはともあれ、お陰様でこのイベントは大成功に終わりました。新規顧客を獲得できたこともあり、これ以降、年間を通じてホテルのブランディングづくりに関わらせていただけることになりました。

❖ ❖ ❖

まさに「イベントプロデューサーになるには」の出版とフリーペーパー「ブライド」の発刊、この相乗効果により**「幸運のスパイラル」が動き出したのです。**

25年の信頼で築いた熱血社長との物語

玩具メーカー、エンターテイメント企業として全国的に活躍の舞台を着々と拡大している宮崎社長。お互いが起業する前からのおつきあいです。

出会ったのはバブル絶頂期、私が広告代理店時代に担当していたお得意様企業の課長さん（当時）でした。バイタリティあふれる熱血マン、人情に厚く「有言実行」を絵に描いたような人物です。当初、彼は大学生の人事を担当していました。私は求人募集の広報・販促の制作に携わっていましたので、一緒に仕事を進めることになったのです。

♥選りすぐりの企画マンと創る仕事

私が起業してからも引き続いて仕事を依頼してくださったことで、私の人生は大きく変わりました。当時は会社でもない小さなオフィスに、北関東を中心に約

20店舗を展開している企業が、**「信頼して取引してくださる」**……今思うと信じられないくらい貴重なお話でした。だからといって、仕事に妥協する彼ではないので、何度も何度も納得いくまで打ち合わせやプレゼンをしたものです。冬休みに計画していたニューヨーク旅行を延期したこともありましたね（笑）。

そこで、私を筆頭に20代から30代のスタッフ全員が知恵を絞り、構想を練って、ひと仕事、ひと仕事を体当たりで仕上げていきました。

彼の口癖を一言で表すと「串刺し」です。「例えば、一冊のパンフレットを作る場合、どのページを開いても**一本筋が通って一貫性のある構想**になっているか」ということでした。見た目のデザインは二の次、「この媒体で誰に何を伝えたいのか」といったコンセプト自体が重要となり、**常に目的とするところの本質が問われてきました。**私たちは本気で取り組み、全力であたっていきました。お客様ではありますが、彼も選りすぐりの企画マン、企画広告会社ミズプランとしては手ごわいライバル的存在です。

休みを返上して、深夜の打合せに及ぶこともありました。まさに創造力を鍛えてくれる「かけがえのないキーパーソン」。バブルという超多忙な激動のときを共に過ごしたからでしょうか？ 宮崎社長は、今でも私のことを「戦友」と呼んでいます。

♥会社経営の厳しさを肌で感じる

当時、彼の手腕は社内でも高く評価され、出会ってから約4年で取締役まで昇進していきました。私が出産、翌年にミズプランを設立してからも取引は継続していましたが、ある日突然、この大好きだった会社を退職し、30代後半で独立の道を選んだのです（彼の中では熟慮の末だったでしょうが）。

その後、まもなく江戸時代から続いてきた優良企業だったはずの会社は倒産しました。**「まさに晴天の霹靂」**です。本当にまさかの事態に遭遇しました。**会社経営の難しさを肌で感じた**ショッキングな出来事でした。当然、弊社の仕事は激減、岐路に立たされます。大きな柱がなくなったわけですから。でも彼のことを考えたら、そんな弱気なことは口には出せませんでした。

しばらくしてから、会社を設立するということでお会いすることになりました。彼の計り知れない底力を発揮する準備がいよいよ整いました。会社人間としても一流でしたが、起業してから、ますます拍車がかかっていきます。

ゼロからの出発。**決して後ろを振り返らず、前へ前へと進もうとする超ポジティブ志向、開拓精神旺盛**なところ、そして寛大で、温かな心の持ち主。こんな宮崎社長から「創造する力」の醍醐味をみせつけられました。

♥夢のために奔走する男のロマン

この素晴らしき要素を兼ね備えた彼の会社は20年の歳月をかけて熟成し、開花していきます。夢実現のためにひたすら邁進している姿には、学ぶべきところがたくさんありました。また、経営者として**売り上げ目標を明確に立て、確実に実**

行していく商いのセンスには脱帽、見習うべき点が山ほどあります。

起業してから自分の給料はさておき、会社や社員のためにひたすら全国を奔走して開拓する日々が続いたこともあったそうです。そんなことは、おくびにも出さなかった鋼のような精神の強さ。

「いつの日か、ミズさんに会社案内を頼めるような企業をつくりたいね」といってくれた彼の言葉は、私の胸にじ〜んと響きわたりました。

それから数年後、事業が軌道に乗って会社案内を制作させていただく日が訪れました。最新の会社案内では、設立からこれまで手がけてきた事業の足跡を編集、売上高は過去最高となっていました。彼の**描いていた夢が叶い、飛躍している**様子が一目瞭然でわかる会社案内の出来上がりです。

♥全国展開する100円コスメの商品開発

宮崎社長との仕事の中で印象深いのが、小中学生の女の子をメインターゲットにした、「100円ショップのコスメシリーズ」の開発でした。

彼の会社の女性スタッフUさんと、弊社の女性スタッフが協働で創りだす新しいビジネス。ネーミングやロゴマーク、商品イメージの企画書づくりからスタートしました。起業して以来、様々な分野の企画書をおこしてきましたが、全国を視野に入れた商品開発は初挑戦です。**期待感の高まり、未知なる分野の創造**に、ひときわドキドキしました。

最終的にコスメシリーズの商品名は「e-na（イーナ）」に決定しました。「e」はエクセレント、エコノミー、エコロジーの頭文字「e」、またギャル語のイケテルの「い」、そして、「na」はナチュラル（天然を意味し、素材感への安心感）の頭文字と、自分らしい（自然な）コスメのイメージを込めて創ったネーミングとなりました。コンセプトは、「女の子にとって、コスメは自分らしさを表現する重要なアイテム。お気に入りのメイクに仕上がった日は、ご機嫌な一日、スペシャル e-na（イーナ）の時間が過ごせます」とプレゼンしたのです。

ロゴマークは、スタッフCさんが手描きのハートにエンジェルの羽をデフォルメして、手づくり感タップリの可愛いアイキャッチを制作してくれました。テーマカラーには、ショッキングピンクとホワイトを選びました。そして、このロゴマークをリップやグロスのパレット、ネイルのボトル、店内用ポスターなどへと展開していきました。また、ショーケースに陳列する際、色彩効果を使った商品の並べ方も提案させていただきました。

この仕事を通して、**新しいコトやモノを産みだし、創造する感動を共有**できたことは、企画広告会社ミズプラン、そして、私自身を一回りも二回りも成長させてくれました。

２０１３年の夏には、念願だった宮崎社長の新社屋が完成します。長い歳月にわたって新規事業へ向けた販売促進ツールの制作や、事業拡大の一翼を担わせていただけたことに心より感謝しています。初心を忘れず、これからも**「信頼」しあえるビジネスパートナー**として歩んでいけたらと思っています。

コラム（輝く仕事術）

◆セロン・Q・デュモンの「集中力」

アメリカメリーランド州出身（1862年生まれ）。ウィリアム・ウォーカー・アトキンソンのペンネームが、「セロン・Q・デュモン」です。『引き寄せの法則』を100年程前に著した偉大な人物でもあります。彼の「念じれば、すべての想いが叶う」という思想は、一世紀にわたって、多くの人たちに影響を与え、人生を変えてきたともいわれています。

全世界で話題になっているロンダ・バーンの『ザ・シークレット』の著書の中でも、「人生を成功へと導く伝説の書」とあります。そして、私が偶然、書店でみつけたのが、彼の〝人生を決める最強の力『集中力』（サンマーク出版）〟という本でした。

装丁には〝すべての成功者が無意識に体得している技術、それは「集中力」だった。およそ一世紀にわたり、全米で読み継がれてきた不朽の名著〟と解説されていました。

本文は20のレッスンから構成されていますが、どのレッスンも100年前に書かれたとは思えないほど、今の世の中に通用する力強いメッセージが詰まっています。

例えば、レッスン1では、「毎月一日は、どれだけ進歩したのかゆっくり考える時間をもちましょう。」そして、あなたが望んでいる姿に達していないと思えば、なぜなのかと原因や理由をみつけて、さらに次の日から目標に向かって努力することが大切だと言っています。

またレッスン2では、「冷静でいればいるほど、集中力は高まります」と……。つまり、自分の心や精神をコントロールできる状態において一点に集中し、「こうだ」と決める能力を磨いていけば、必然的に成功できるチャンスが多くなるというのです。

さらに、レッスン5では、「正しい目的はすべて、一持的に失敗したとしてもいつかは叶います。」と……。

自分を信じて、意志の力を鍛錬すればするほど、より崇高な場所へとつながり、「創造」していくことができると明言しています。

◆スティーブ・ジョブスの「偉業」

アメリカ出身（1955年生まれ）。アップル社共同設立者の一人。従来のパソコンから逸脱したデザインのMac（マッキントッシュ）やiPod等の開発、また、パソコンのような機能を携帯電話（iPhone）に搭載させた生みの親ともいわれています。これら斬新な商品は、従来のパソコンの概念を越え、周知の通り、コンピュータ業界や音楽業界、携帯電話業界に旋風を巻きおこしました。

弊社においても、Macを使用するようになってから劇的に仕事のやり方が変わったことは、輝業力レッスン1でも力説しました。広告・印刷業界の産業革命といえるほど、機能面も優れていたのです。

彼のモノづくりへの情熱は半端ではありませんでした。自分の直感を信じて、ただひたすら「アイデア＝発想をカタチにする」までやり続けたことで、世界的な功績となる「偉業」が成し遂げられたのです。

挫折や中傷、失敗を乗り越えながら、勇気とビジョンを持って、夢を創造した成功者のロマンを感じます。

◆松下幸之助の愛され続ける「経営哲学」

和歌山県出身（1894年生まれ）。パナソニック（旧松下電器産業）グループの創業者であり、戦前戦後を通じて世界的に指示される家電メーカーを育て上げたカリスマ経営者です。「経営の神様」といわれて、愛され続けてきたのは何故でしょうか?

「不況に克つ12の知恵」(PHP研究所)を読んだときに、その経営者としての人間力と、経営者としての揺るぎ無い信念が伝わってきました。

なかでも〝策は無限にある〟という言葉の深さに感銘を受けました。いかに世の中が不景気でも、どんなに経済が混迷していたとしても、やるべき仕事は限りなくあるというのです。

むしろ、不況のときこそ、順調に運んでいるときには気付かないことや、後回しにしていることができると断言しています。崖っぷちに立たされたときほど、新しい仕事や方策が考えられる、また取り組んでいかなければならないというのが、松下氏の経営哲学になっています。

また、〝責任はわれにあり〟という言葉は「良薬は口に苦し」でしたね。商売は成功するものと考え、もし、現状で繁盛してない場合は、景気や得意先といった外部が悪いのではなく、経営者のやり方、内部に起因しているというのです。

この原因に気づくか気づかないか、そのこと自体が、企業の存続や発展を左右するとも言っています。

そして「衆知を集めた全員経営」を理念にされています。会社を創る全員が知恵を出し合い、一丸となって取り組んでいけば、必ず道は開けると終始一貫、心がけて実行していったそうです。親方日の丸的なワンマン経営者ではない器量の大きさが事業を成功へと導き、愛され続けている所以と確信しました。

輝業力レッスン５【叶える力】

～夢を引き寄せるヒント～

輝業力レッスン５【叶える力】

～夢を引き寄せるヒント～

フラワークリエイターと素敵な仕事

フリーペーパー「ブライド」を発行するようになってから増えてきたのが、企業実現のサポートでした。女性が経営するスクールやブティック、また、ブライダルに着手しているホテル等の販促ツール全般にわたるブランディングのお手伝いです。

この頃から、地方でも女性の社会進出が盛んになり、起業する方が多くなってきました。ブライダル業界は右肩上がり、ウェディングのスタイルは十人十色の時代を迎えます。そんな折に出会ったのが現在、全国的に花の専門誌で活躍しているフラワークリエイターの真理さんでした。

♥運命的な出会いから夢づくり

今から約10年前のこと、ある情報紙に掲載されていた「プリザーブドフラワー」のイベント告知が発端でした。その魅惑的な花の名称に何故か惹かれたのです。すぐさま住所をみると、何とそのサロンは歩いて5分程の場所にありました。すぐさま電話を入れたら、レッスン終了後に会ってくださることになったのです。

サロンの玄関に入った瞬間、そこは別世界でした。まるで、イギリスの旧家を訪ねたような錯覚、その空間は、アンティークな家具や調度品でしつらえられ、厳かな雰囲気を醸し出していました。会話をしているうちに、「なるほど」と納得。貴婦人のようなエレガントな装いの真理さんのお話から、こよなくビクトリア時代の文化を愛していることが伝わってきたのです。

彼女は20代の頃、イギリスやフランスを旅していました。そのとき、ホテルのエントランスを飾るフラワーの美しさに魅了され、この感動を表現したくて「フラワーデザイン」の世界へ入ったといいます。

結婚後も花の勉学を続け、ご自宅やNHK文化センターなどで「花の教室」を開講されていました。私がサロンへ伺ったときは、まさにこれからフラワービジネスを広げようと計画しているところでした。

初対面とは思えないほど次から次へと話題が尽きず、その日、訪ねるきっかけとなったイベントに私も講師として参加させていただくことになったほどです。時間の経つのも忘れ、二人でおしゃべりが弾んで、意気投合しました。

帰り際に「ショップをオープンするので、ブライドへ広告を掲載したい」と、嬉しいお言葉までいただきました。この日から女性社長同志、センセーショナルな仕事を展開していくことになります。まさに、**運命的なフラワークリエイターとのセレンディピティな出会い**でした。

♥幕張メッセ初出展でブランディング

真理さんがフラワーサロン＆ショップを開店したのは、お会いしてから約半年後の春うららかな3月でした。最初に依頼されたのが、企業にとって大切な顔となる「ロゴマーク」です。「天使とヴィクトリアンをテーマに創ってくださいますか?」とのご要望でした。

彼女のサロンを表現するロゴマークの制作は、正直いって難航しました。何度デザイン案を出しても「どこかピンとこない」という返事が戻ってきます。スタッフたちとも推敲を重ねてプレゼンはしたのですが、なかなか通りません……。

そんな創作に息づまっていた頃、真理さんが一枚の天使の絵画をみせてくださいました。彼女の望んでいたイメージがやっと伝わってきました。そこで、天使をベースにデザインしたところ、「わぁ!ステキ」と喜んでくださったのです。多少の時間は要しましたが、ロゴマークの仕事を通じて、ヴィクトリアンの世界観を掴むことができ、次なる仕事へとつながっていきました。

「幕張メッセ」初出展へ向けての準備がはじまりました。来場者へお渡しする宣伝ツールやポスター、シールなどすべてを「ヴィクトリアンテイスト」のデザインで統一することになりました。これから全国視野で活動を広げようと夢見る真理さんが経営するフラワーサロンのブランディングづくりです。

お陰様で展示会は大好評でした。初日から大勢のお客様がお見えになり、「案内用のポストカードが足りなくなりました」とスタッフの方から緊急の電話が入ったほどです。

すぐさま印刷会社へ手配し、無理を強いて夜中に機械を回してもらいました。こんな密なる協力体制で、翌朝には、宿泊先のホテルへと発送することができました。**「幸先よし！」**と、私も早々に会場まで足を運び、**大型イベントへの初出展の感動を共有**したものです。

♥女性の視点で映画『桜田門外ノ変』を表現

2010年、茨城県水戸市街地にある千波湖畔に、映画『桜田門外ノ変』のロケセットが建てられました。江戸城を彷彿させるこの館内に飾られたプリザーブドフラワーの優美な世界。当時の歴史的背景を女性の視点から表現した、花と抒情詩の作品展示会です。

最初は、この展示会をプロデュースした真理さんから、「作家一人ひとりの作品を紹介するパネルの制作と、アレンジメントの撮影をして欲しい」と、依頼されていました。

早速、館内の下見へ行ってみると、これまでみたこともない花のオブジェが、古き装飾品や年表等と見事に調和し、要所要所にディスプレイされていました。想像を超えた日本的な美学を感じさせる展示作品をひと通り閲覧した後に、ふと、**「時代劇の映画を花々で創るチャンスは、一生に一度あるかないかの栄誉なこと、それぞれの作品を一冊の本にまとめて残せたら」**とひらめいたのです。

思い切って投げかけてみたところ、真理さんやスタッフのSさん、出展者50名の作家さんも賛成してくださいました。そして、皆さんの協力をいただきながら、この年の夏から、**想い描いたプロジェクトがスタート**を切ったのでした。

ところが、未曾有の東日本大地震でロケセットが被災し、一時休館になってしまったのです。再開後は急ピッチで撮影や編集、制作を進め、1年余の歳月をかけて、ついに2011年7月、作家さんたちの想いが集結した**フラワーデザイナーズ作品集「～はなものがたり～」が完成**しました。

また、震災後に再園した茨城県フラワーパークのバラまつり期間中、復興を願いながら、「ラグジュアリー」をテーマに真理さん率いる50余名の仲間たちがプリザーブドフラワー作品展を開催しました。訪れる人々の心を癒す優雅な展示風景の様子は、弊社の美と癒しで素敵ぐらしをテーマにした動画サイト「美癒人（びゆうじん）」でも配信中です。

♥夢を語りあえるビジネスパートナー

フラワークリエイターの彼女と**試行錯誤しながら「夢」を叶えてきた**10年。笑ったり、泣いたり、励ましあったり……。本音トークで、夢づくりが語りあえる、かけがえのないビジネスパートナーになっています。

天真爛漫で乙女チックな雰囲気に、経営者の才覚、生徒さんの感性をみいだす抜群のセンスを併せもつ、皆さん憧れのキャリアママです。そして、私達ふたりは、年頃の一人息子を持つ母親でもあります。ときには子育ての悩みや、将来のこと、日常の話へと花が咲いていきます。

日々、メリア（花）一輪一輪に美の世界観を表現しながら、華麗なるステージへと輝いていく真理さんと、夢のあるビジネスを創り続けていきたいですね。

お菓子づくり大好きな主婦の夢実現

♥東日本大震災を乗り越えて出版

２０１１年の３月11日、午後２時46分。パソコンに向かって書店リストをプリントアウトしている最中、あの未曾有の東日本大地震がおきました。只事ではない大きな揺れ、その長さに圧倒され、身の危険を感じながら廊下へ脱出。座り込み、揺れがおさまるのをひたすら祈るばかりでした。

この巨大地震がおこる約1年前、「本を出版したい」という県内在住のお菓子教室の先生の取材をはじめていました。

最終校正に取りかかろうとした矢先、想定外の非常事態に遭遇したのです。7階にあるオフィス、もちろんエレベータは停止、階段を下りて一度は外へ脱出しましたが……。

しかし、制作中の原稿データを持ち出さなければなりません。外出先からやっとの思いで戻ってきた夫と共に余震が続く中、階段を昇って、再度オフィスへと入りました。デスクトップの大型パソコンは無残にも倒れて損傷、書棚の本や雑誌が散乱していました。私のノートパソコンは、バッテリー電池に切り替わりスリープ状態、幸いにも机の上に鎮座していました。恐怖にさらされながら、ハードディスクが無事なのを確認した瞬間、「ホッ」と胸をなでおろしました。それから一晩中、肌身はなさず持ちながら避難したことを今でも鮮明に覚えています。

町中の外灯や住宅の電気が消えた夜空の星の美しかったこと、キラキラ輝く、満天の星は彩光を放ち、降ってくるようでした。

❖　❖　❖

弊社は県央地域にある水戸市、著者は県北地域にある日立市。とにかく距離がありました。大地震の影響でJR常磐線や常磐高速道路は全面不通、しかもスタンドは長蛇の列でなかなかガソリンが調達できません。停電や断水、余震も続いていました。臨時の直通バスに乗って、必死の覚悟で著者である京子さんが原稿の校正に来て下さったのは、震災の2週間後、3月25日のことでした。その後は順調に事が運び、発刊となったのは、日立の海が青々とした春の午後でした。心待ちにしていた「お菓子で幸せづくり」の本が誕生したのです。

♥「お菓子で幸せづくり」の構想とは

著者から「本のイメージをノスタルジィにしたい」という意向をいただきましたが、どんな本なら「ノスタルジィ」を感じるのかと結構、悩みましたね。この言葉に対して、人それぞれ描くイメージが違いますし……。本の「命」となるタイトルと構成を練る日々が続きました。

❖　❖　❖

「京子さんは、何よりもお菓子づくりが好き、お菓子づくりのプロでもある」いろいろな案を書き出した結果、**「お菓子を通して、みんなを幸せにする」**というコンセプトにすれば、著者の抱いている「ノスタルジィ」＝温もりが伝わるのではと、提案してみました。ご本人も大賛成、「お菓子で幸せづくり」をタイトルにして、内容全体は「幸せ」をテーマに、五つのシーンから構成することになりました。しかも、単なるレシピ本にしたくないというご希望から、各章にエピソードや取材記事を盛り込んでいきました。

♥心と心をつなぐハートフルブックの誕生

初夏のレストランウェディングの取材から始まった「お菓子で幸せづくり」。猛暑の夏には、著者のリビングに仮スタジオを設営してケーキや焼き菓子、ゼリーなどを撮影。総勢10余名が2日間にわたり、悪戦苦闘しました。イメージ写真のスタイリングは、私と協力会社のSさん。著者が調達した家宝の食器や私共が持ち寄った小物、テーブルクロスでコーディネートしました。

撮影した写真がパソコン画面にアップされるごとに湧き上る歓声……。一番喜んだのは著者ご本人、うるうるした場面もあり、皆さんが感動を共有した素晴らしい仕事の現場となりました。

また残暑が厳しい9月、石岡市にある老舗の栗農園や鉾田町のトマトハウスを取材したときのことです。じっくりと丹精込めて煮込んだ渋皮栗や捥ぎたてのミニトマトの美味しさ、**大自然からの恵み、作り手の心意気に感激しあいました。**

こうして春夏秋冬と季節がめぐり、大震災を乗り越えて、心と心をつなぐハートフルブック第一弾「お菓子で幸せづくり」が産まれたのです。

♥販路拡大と新規プロジェクトが始動

現在、工房をオープンし、パティシエとなった京子さんから喜びの声が届きました。「名刺だけお渡しするのとは大違い、まるで水戸黄門さまの印籠のようですよ（笑）。**本を出版することで等身大の自分より価値が高まり、**主婦のときではお会いできない方々ともお仕事の話が広がっています。銀座にある茨城マルシェで、お菓子を販売できるようにもなりました。実にいろいろな場面で、本が後ろ盾になっています。出版して本当によかった」と……。

弊社では、ギフトカタログも企画制作させていただき、さらなる夢実現へ向けてのブランディングづくりがスタートしました。

専業主婦からお菓子教室の先生、憧れのパティシエ、そして経営者へと確実に自分の道を切り拓いていった京子さん。情に厚く、一本気な頑張り屋のキャリアママです。二人の息子さんを育てながら、「お菓子で幸せづくり」の夢をかかげて日々研鑽中。新規プロジェクトも動き出しています。

大人の「ドリプラ」で夢を語る女性社長

夢を叶えるため、大勢の聴衆前で発表する「ドリームプラン・プレゼンテーション」、略して「ドリプラ」。これは**「自立・創造」「相互支援」「感動・共感」**三つのテーマに一人が十分という持ち時間内で、**大人が本気で自分の夢を語る**イベントです。この誰もがワクワクする体験型プレゼンテーションが茨城県でも開催されました。その二回目となる2012年夏に行なわれた「いばらきドリプラ」に、「輝業美人」の本にも登場してくださった仕事仲間のお一人がプレゼンターとして参加しました。

彼女とのおつきあいは2009年の晩秋、癒しの雑貨ショップがオープンしたときからです。以来、情報誌の広告内容の打ち合わせをする傍ら、障害を持つお子さんがいらっしゃることも伺いました。

❖　❖　❖

大好きなピンク色のバラ柄の洋服が、とってもお似合いのしづかさん。ふんわりとしたお母様の雰囲気と、経営者としての顔を持ち合わせるキャリアママです。そんな彼女らしさをサロン紹介のパンフや名刺にも表現しましたが、これらを制作する過程で、実に多方面にわたって事業を展開していることを知りました。

ビジネスの根底には、息子さんの将来を想う母親の願いと、社会的に障害者を支援したいという壮大な夢がありました。10年程前から運営している児童デイサービスの施設もその一事業ということでした。

しかし、まだまだ設備や人件費など資金調達が難しいのが実状だといいます。そこで、皆さんの前でプレゼンテーションして、「障害児・者の居場所づくり」を実現したいと「いばらきドリプラ」に応募したのだそうです。

聴衆の心に響くように全身全霊で、「障害のある子供や大人が自らのお給料で暮らし、当たり前の生活ができるようなグループホームやプチホテルを経営したい」と熱く夢を語りました。私も息子を持つ母親として感極まり、涙があふれる場面もありました。会場からは賛同の拍手が沸き起こりました。

世界中の母親が子供たちの幸せや自立を願う気持ちは不変です。キャリアママの一人として応援していきたいですね。

想いをカタチに、新しい価値の創造

♥心癒される花とポエムの作品集

東日本大震災が起きてから2年以上が過ぎました。その間、ハートフルブック第2弾としてスタートしたのが、「ヒーリングフラワー集」です。輝くフラワーデザイナーの作家さんたちが奏でる心温まる作品がテーマになっています。

お一人お一人が、「想いをカタチ」にしながら、アレンジやオブジェを創作。年代も職業も様々、OLで独身の作家さんもいれば、お孫さんがいるおばあちゃまの作家さんもいます。ポエムには、こんな作り手の暮らしぶりや、家族への愛情が表現されています。感性が光る一冊一冊の本には、こんな作家さんの熱きメッセージがたくさん詰められています。

❖　❖　❖

生花のようにみずみずしい魔法の花「プリザーブドフラワー」の美しい写真と温かな言霊が綴られた珠玉の作品集。自分史の一ページに刻みたいという一心から生まれたアーティスティックで、ほのぼの感あふれるハートフルブックです。

この**感動を一人でも多くの方々へ伝えたい**と、個展を開催する作家さんもいらっしゃるほど。茨城県フラワーパークで記念作品展を開催し、来場者の方々の心をなごませているシーンもありました。

♥震災後に産まれた心に響く本づくり

大震災後、連日連夜テレビから流れる映像を通じて、津波や放射能の被害を受けた家族の過酷な光景を数えきれないほど目にしてきました。家が流され、また家を追われた多くの人々の悲痛な叫び。瓦礫の中から思い出の写真や品物を見つけ出そうと何度も家亡き後へと足を運ぶ被災した方々。**いま何が求められ、何が大切なのか、**真髄が伝わってくる貴重な体験でした。

ハートフルブックでは、その一翼が担えるような宝物を継承できたらと思っています。**作家と読者の心と心をハートフルにつなぐ心へ響く本づくりをめざして。**

❖　❖　❖

東日本大震災を体験したからこそ産むことができた感動的なハートフルブック

❖　❖　❖

コラム（夢を引き寄せるヒント）

◆想いを念じて、視覚的にイメージする

一流のスポーツ選手が試合前にイメージトレーニングをするという話はしばしば耳にします。例えば、野球選手は、「今日はスタンドのあそこにホームランを打つぞ！」と映像的に達成しているシーンを描き、試合に臨んでいるというのです。

確かに「ここぞ」という場面で、その実力を存分に発揮できる選手は一流なのかもしれません。でも、決して受身ではなく、能動的に常日頃から努力し、なりたい自分の姿をイメージし、訓練を積み重ねていたわけです。

また「集中力」の本の中では、〝理念に集中すれば、それは現実のものになる〟と言っています。つまり、すべてはあなたが考え、想ったことから端を発するというのです。夢も、幸せも、あなた次第でどうにでもなり、一歩を踏み出すかどうか、さらに、その想いをいかに持ち続けられるかで、成功が決まるとも言っています。途中であきらめてしまうのは簡単です。最初からできる人などは滅多にいませんので、小さなことから、「あなたの想いをカタチにする習慣」をつけてみてはいかがでしょうか。

◆人の出会いから「運」を引き寄せる

「運は引き寄せるもの」といわれます。「こうなりたい、こうしたい」と口に出したり、ノートに書き出すことで、必要な人やモノ、望んだコトが引き寄せられ、現実に叶うというのです。

実際、私も仕事の中で数々の「引き寄せ」体験がありました。なかでも、人との出会いが大きかったような気がしています。自分にとって、必要な「人」が、必要な「時」に現れ、新たな展開ができる、また問題が解決の方向へ進むなど…。

この本の中で紹介している（株）電通のKさん、25年来の取引先である宮崎社長、そして、キャリアママ仲間の真理さん、３人とも偶然ではなく、必然の出会いだったと思っています。なぜなら、自分の生き方や人生に影響を与え、多くの「気づき」を与えてくれた衝撃的な出会いだったからです。

カラリストの師匠であるY女史もその一人です。最初のきっかけは、通信教育でしたが、今では年賀状をいただける間柄になりました。また、彼女が提唱するパーソナルカラーアンダートーン理論は、私が色彩診断士に認定されている（社）日本パーソナルカラリスト協会テキストの基本にもなっています。ときには研修会等でお会いしてお話しする機会がありますが、18年前、私に色の世界の奥義を伝授してくださったカラリストスクールY校長との出会いは、偶然ではなく必然であり、まさに引き寄せだったと思っています。

❖　❖　❖

年初めには、一年でやりたいことを箇条書きにして紙に書き出しています。「夢シート」です。これは結構、引き寄せのパワーがありますので、ぜひ、試してみる価値はあるかと思います。さらに、その年には実現できず、まだその想いがある場合は、翌年へと継続するようにしています。こんな具合に、結果を再確認していくと、大なり小なりはありますが、かなりの確立で夢実現できるものです。

このたび、私の本の出版もそうですが、想い願ってから約1年、お陰さまで、その夢が叶いました。これも人の縁が、人の縁を呼び、運を引き寄せてくれたと心より感謝しています。

◆幸運体質になる習慣をつける

「今日は気分がいい、今日は気分が乗らない」といった経験は、誰しもあるかと思います。そこで、重要なのが、「気持ちがよい状態をいかに保つか」です。

幸運体質をつくるのは自分次第。日々の心がけで幸せ、運が舞い込んできます。

すぐに実行できるのが、「言霊」です。例えば、旦那様や彼からプレゼントを頂戴したとします。自分が欲しかった品物と微妙にズレていたら、どうしますか？贈った相手は、「わあ~カワイイ、ありがとう！」とニッコリといわれたら、嬉しいですし、次はもっと喜ばせようとプレゼントを奮発するかもしれません。

でも、貴女が「これもいいけど、あんなのが欲しかったな」と感謝の気持ちを伝えず、弾まない声でいったら、相手はガッカリして、次は贈りたくなくなるかもしれません。

プラスの言葉（言霊）や感謝の言葉は、皆んなを幸せな気持ちにしてくれます。就寝前に、「今日も一日ありがとう」と言ってみる習慣をつけてみませんか。

また、楽しかったこと、嬉しかったこと、どんなささやかな出来事でもかまいませんから、「いいこと、みっけ日記」を綴ってみてはいかがでしょう。

輝業力レッスン6【つながる力】

~共感して栄えるヒント~

輝業力レッスン6【つながる力】

～共感して栄えるヒント～

東日本大震災を機に芽生えた価値観

ご周知の通り、２０１１年3月11日、千年に一度といわれる東日本大震災がおきました。東北三県のみならず被害の大きかった茨城県。ここ水戸市では市役所は未だに復旧せず、仮庁舎、しかも何箇所かに分かれて職務にあたっています。県立図書館や水戸芸術館も震災がおきた年は夏まで閉館するといった状況でした。茨城の観光を代表する偕楽園も1年の歳月をかけてやっと開園しました。

そんな現状を目の当たりにして、自分の仕事を見直したのです。お客様の中には、しばらく休業を余儀なくされたり、再開のメドが立たずに閉める店もありました。大地震の影響は予想以上に根深く、原発の放射能による風評被害は、今もなお続いています。

弊社の仕事も延期やキャンセルになった案件がありました。これまで継続してきたフリーペーパー「ブライド」春号の発刊はできたものの、夏号においては見合わせることにしたのです。

❖ ❖ ❖

「このまま、続けていいのか」と自問自答する日々でした。自然災害や政治経済が混乱する状況下で、日本中の誰もが大なり小なりストレスや不安を感じていると思いました。今何が求められているのか原点に戻って考えさせられましたね。

広告や出版の仕事に携わって30年余り。OL、個人事業主、会社経営者という様々な立場から情報発信や販促媒体を企画・制作してきましたが……。

❖ ❖ ❖

経験したことのない未曾有の大地震、また被災地である茨城県水戸市で企画広告会社に携わる者として**「何ができるのか」**と、半年間にわたり暗中摸策しました。

その結果、銀杏が黄金色に輝く晩秋、産声を上げたのが、「美癒人（びゅうじん）」の新媒体でした。世の中の価値観は以前にもまして、**心と心の絆、自然への畏敬の念が強く**なっていきました。

新媒体「美癒人」の発刊に込めた想い

そこで、美と癒しをコンセプトに内面・外面から「美しさと癒し」のお手伝いができる媒体を作りたいと思ったのです。さらにフリーペーパーという従来の広告スタイルに、国内外へ発信できるユーチューブと連動した動画をコラボさせました。**ローカルとグローバルの要素を併せた「グローカル」**な新メディアの誕生です。

新媒体は心と身体に優しいビューティ＆ヒーリングサロン、美食レストラン、ショップ等で構成。また復興を願いながら、被災した県内の観光地やスポットを訪ねる「いばらき復幸散歩」の動画配信を始めました。この復幸散歩は弊社ができる地域貢献の試みの一つです。なかでも「復旧した偕楽園、水戸の梅まつり」の動画制作にあたっては、下見や取材を含めて、昼夜と何度も足を運びました。お陰様で、水戸観光協会や偕楽園公園センターの協力もあり、着物姿の美しい梅大使が徳川斉昭公の愛した好文亭を案内するといった企画も実現できました。

しかし、あいにく例年にない寒波にみまわれ、梅の開花は遅れ気味。その上、余震や風評被害で来園者は少ない……。

「どうにかしたい！」と、ネット上で地域情報等を広報している水戸経済新聞の編集長Mさんに、その旨を伝えたところ、すぐに「いばらき復幸散歩」の活動を紹介してくださいました。幸いにもこの記事がヤフー関東版に掲載されたのです。「これをご覧になり、一人でも多くの観光客が来園してくれるかもしれない」と微力ながらも、復興の一翼を担えたという達成感がありました。

「広く告知する」……広告という仕事のやりがいを感じた大きな出来事でした。

大震災後に始めたブログからサプライズ

未曾有の大震災を体験してもう一つ始めたのが、ブログです。それ以前から私のまわりでは職業柄もあるでしょうが、ブログを書いている方がたくさんいらっしゃいました。

10年間続けている方もいて「すごい！」と感心していたのです。でも、自分では絶対ムリとあきらめていました。時間的なこと、技術的なこと、ましてや人様に自分の私生活や出来事を、ネット上で公表することに抵抗がありました。

そんな私が「なぜブログを始めたのか」と告白しますと、この非常時に何か発信していきたい、**一度きりの人生、日々の足跡を残したいという衝動**にかられたからでした。しかも広告という仕事をしているのだから、私個人ではなく、ミズプランという視点からブログを発信してみようと思いました。なかなか更新できなかったホームページも思いきって全面リニューアル。震災を好機に捉えてミズプランの仕事を見直し、事業の柱を明確に再編成したのです。

2011年の初夏に、**「ミズプラン幸せ色いろ探訪」のブログ**をスタートさせました。

震災後2年間で執筆したブログは、1週間で2〜3回程度の更新でしたが、その中でジャンル分けをしました。「茨城復幸の話題」「カラー&広告の仕事」「夢を叶える」……などです。開設当初、仕事仲間の勧めで、日本ブログ村へ入会しましたが、まだ、日も浅い頃、こんな嬉しいサプライズもありました。

❖ ❖ ❖

書きはじめて1ヶ月が過ぎた5月27日のこと、「水戸市長&水戸市議会議員選挙」のブログが注目記事ランキングで、関東ブログで1位、茨城情報で1位になったのです。この結果を見て、いかに私の書いた記事がそのときタイムリーな話題だったのか、**インターネットの影響力の大きさを実感した出来事でした。**

これをきっかけに、1冊のクリアファイルを用意し、「ミズプラン幸せ色いろていきました。

探訪」の記事が上位にランキングされるごとにプリントアウト&ファイリングし

「読み手の役に立ち、喜ばれる旬の情報を心がけたブログ」を常に意識するようになっていったのです。

また、2012年の2月27日、震災から1年後にアップした「水戸の梅まつり、復旧した偕楽園で早春の香り」の記事が関東ブログ1位、茨城情報1位になったときは、本当に感慨深いものがありました。と言いますのは、県を代表する観光地の「偕楽園」が東日本大震災で被災、その後、市民団体や多くの方々の温かな支援により一年の歳月をかけて、やっと復旧できた時期だったからです。

❖　❖　❖

この2年間、ブログをやって良かったと、心底からこみ上げてくるものがありました。睡眠時間を削って深夜までパソコンに向かったこともしばしば。朝のテレビ番組で東海村の村長が発言した脱原発の情報を、その場で伝えたこともありました。復興イベントに参加したコト、セミナーで出会った人たちのコト、仲間と一緒にした仕事のコトなど。様々な体験をブログで発信しながら、**心が豊かになったような気がしています。**写真を撮るのもますます楽しみになってきました。持ち運びに便利なミラーレスのカメラを購入してしまったほどです（笑）。

❖　❖　❖

ブログの使い方は、人それぞれ、実に様々だと思います。お店やサロンの紹介、イベントやセミナーの告知や集客、また自社や自分のブランディングなど書き手の**目的や視点に合わせて活用の仕方は変わってきます。**

私の場合は、２０１２年11月から起業やカラーの資格を中心にしたブログをもう一つ発信中です。国内で一番利用者が多いといわれるアメブロに参加、**「ミズ輝業塾☆きらきら素敵に輝くライフ術」**を投稿しています。読者やアメンバー、グルッポなどのサービスもあり、国内外の人たちとコミュニケーションがとれるのも魅力です。**新たな「つながり」の拡がりを感じています。**

リバTVに生出演、ネット社会の可能性

２０１２年7月26日、全国的に事業展開している会社が制作する「リバＴＶ」というインターネットテレビにゲストとして生出演しました。一時間番組の中で、「女性の感性に響く広告マーケティング」というテーマでお話させていただきました。収録後はユーチューブ等で配信中ですが、**日本国内はもとより、世界中へ発信できる新たなツールに大きな可能性を見いだしています。**リアルタイムに生番組で情報発信できたことは、私にとって初めての体験でした。

このリバティハウス株式会社の今瀬社長との出会いは、ネット社会の可能性をより身近に感じる機会となりました。

かつて、茨城県内史上最高の負債額30億円で倒産したという悲惨な状況を乗り越えて、１９８９年に現在の記帳代行サービスの会社をスタートさせた先見性のある経営者です。

創業以来、インターネットを活用し、日本全国の個人事業主やフリーランスの経理（帳簿）の代行をするといった事業サービス会社を順調に伸ばしています。これまで述べ3000人のユーザーに、「失敗社長経験」を生かしながら、様々なアドバイスもされているそうです。

茨城という一地方都市から全国へ向けて、こんな斬新で、独創的な事業を展開していることに驚かされました。なぜなら、揺るぎない「信用」と、お客様との「共栄」、そして強い「つながり」があって、はじめて成立するビジネスだと思ったからです。

また、今瀬社長は「人生リベンジ倶楽部」といった対談動画を配信中。複眼的にネット社会で、自社のブランディングづくりを試みています。

これらの成功事例を参考にしながら、弊社でも効果的な広告展開や付加価値の高いビジネスの構築を考えていきたいと思いました。**ネットの世界を駆使する時代に突入**したことを体感させられましたね。

ビジネスのキーワードは共存共栄

ミズプランでは、これから起業したい方や現在の事業をステップアップしたい店舗やサロン、企業様に対して「輝業力」をテーマにお手伝いしたいと考えています。

弊社そして自分自身、この20年間、**人との「つながり」の中で仕事**をしてきました。何度も壁にぶつかり、紆余曲折はありましたが、存続できたのは「人の力」に恵まれ、共に支えあってきたからだと確信しています。その根底には「共栄の力」が存在しているのです。

❖ ❖ ❖

地盤沈下しつつある水戸市中心商店街まちづくり事業に、約六年の歳月にわたって従事したり、商工会議所が主催するイベントの企画や、販促ツール全般を制作させていただいたこともありました。また、20年間という時空をかけて、ホテルや住宅ショールーム、ショップ等の広告や広報、ブランディングづくりなど、1000社以上のクライアント様と「共栄」をめざして歩んできています。

茨城県内初「癒しの祭典」を開催

心に響く、こんなイベントを開催したこともありました。当時はカフェのオーナー、現在は、ロハスコンシェルジュの田所さんから、「癒しをテーマに、祭りをしませんか」と相談されたのです。そこで、有志たちが集い、事務局を立ち上げました。弊社は、協賛会社として関わり、企画内容や告知の方法、集客の仕方、会場設営など細部にわたってミーティングを重ねていきました。それから3ヶ月後の2010年晩秋、このイベントは見事に実現、県内初「癒しの祭典」開催へと到ったのです。

ヨガやアロマ、占星術、オーガニックハーブ&ティなど約15のブースを設定、そのうち嬉しいことに半分以上が、弊社の自主媒体である「ブライド」などに広告掲載してくださっているクライアント様でした。

出展料を募り、水戸市内にあるイベント会場で開くことができました。チラシやポスターは弊社で制作。販促活動は出展される皆さんが協力しあって、呼びかけていきました。日頃からお世話になっているレストランやカフェ、協賛店様へも幅広く配布しました。当日は、予想をはるかに上回る400名以上のお客様が参加してくださり、弊社でプレゼント用に準備した「輝業美人」の冊子300冊も早々になくなりました。

熱気にあふれた会場内は、女性たちで大賑わい。チラシを片手にワンコインで体験できるブースに、目を輝かせて回遊する来場者を眺めながら、出展者一同が**「垣根を越えて、一業種では叶わない競演のイベントが花開いた」**と醍醐味を感じた一日になったのではないでしょうか。

2012年7月に協賛企画した「スピリチュアル市場」。五感が喜ぶ「食・音・

心」のヒーリングをテーマに、12人のマドンナセラピストやヒーラー、マクロビシェフなどが誘う「マルシェ＝市場」です。このイベントも、**皆様方の力が一同に結集し、大成功**となりました。

ポジティブな終活イベントに協賛出展

ここ数年、テレビや雑誌等で話題になっている「終活イベント」。終活（しゅうかつ）とは、〝人生の終わりのための活動、人間が人生の最期を迎えるにあたって行うべきこと〟（ウィキペディアより）を意味する言葉となっています。

〝人生のしまい方〟というテーマで本も出版される時代になってきました。近い将来、3人に1人が65歳以上になってしまうといった現実、日本はかつてない超高齢化社会に突入したのです。そうなると、**定年になる前から自分らしい「終活」が大切**になってきます。

そこで、2013年4月6日、茨城県総合福祉会館で開催したのが「ハッピーエンドフェスタinみと」の終活イベントでした。呼びかけたのは、水戸市本町にある老舗の写真スタジオです。

「1ヶ月で遺影写真を150件近く制作していますが、お客様がお持ちになる写真はスナップで小さいサイズが多く、しかも、表情が堅いものもあります」と、奥様のさつきさん。祭壇に飾る遺影写真に、生前のその人らしさが伝わる自然な写真が撮れないものかと、「生前遺影写真」事業を始めたといいます。また、お父様が急逝されたときに、銀行口座の凍結や財産、書類等の整理に困った経験をされたとも……。

こんな折に偶然、ネット上で目にとまったのが、横須賀市で行われている終活イベントだったそうです。主催者とお会いして実際に話を伺う中で、自らの体験も加味させ、今回の「ハッピーエンドフェスタinみと」の発起人に到ったということでした。

弊社は、「自分史の魅力とは」をテーマに協賛出展させていただくことになりました。ポジティブな終活の一つとして、これまで制作してきた企業様の記念誌や、作家さんの本作りの経験を活かし、**「自分の半生や作品を本に綴り、家族や友人、世の中へ伝え、残せるお手伝いができたら」**と考えたのです。

また、開運カラーセラピストとして「カラーボトルで夢実現」のセッションをさせていただきました。20余名のお客様のご相談やセラピーを通して、様々な人生のドラマを垣間見ることもできました。「終活イベント」の大切さを痛感すると同時に、多くの「気づき」がある1日となりました。

❖ ❖ ❖

会場のコーナーに席を設けて、専門分野のプロによるショートセミナーも実施しました。こうした〝心のおもてなし〟、主催者側の意気込みは、来場した方々へ届いたのではないでしょうか。

「今から始めるポジティブな終活」をキャッチフレーズに、「ハッピーエンドフェスタinみと実行委員会」が結成され、各協賛店が実現へと向けて努力した結果、このような異業種による茨城県内初の終活イベントが開催できたのです。

いまや、企業や店舗、サロンの存続・繁栄は**「共存共栄」がキーワードです。**

そこで、各専門分野のプロフェッショナルな方々とコラボしながら、実践セミナーやイベント等を企画・運営していきたいと思っています。

「つながる力」をテーマに、異業種が共に輝業力を高めあいながら、夢を叶えていきたいですね。

コラム（輝く仕事術）

◆SNSの種類と活用方法

ご周知の通り、SNSとはソーシャル・ネットワーキング・サービスの略になります。代表的なものとしては、ミクシィやツィッター、フェイスブックなどがあります。

これらのSNSをはじめ、ここ数年、急速にソーシャルメディアは、私たちの暮らしの中に入ってきました。簡単にソーシャルメディアを説明しますと、従来のマスメディアといわれるテレビ・新聞・雑誌、ラジオなどに対して、「個人と個人、個人と組織、組織と組織の間の情報発信が、ウェブサービスを経由することによって、それ自体が意味を持つコミュニティとなり、実社会に広く拡散され、影響を持ち始めたメディア（ウィキペディアより）」となります。

つまり、インターネットの普及拡大により情報発信の方法が多様化し、送り手も受け手も双方のコミュニケーションが可能になってきたのです。また、その情報は友人や知人と共有したり、さらに共感できる情報は拡がっていく時代になってきました。

例えば、フェイスブックでは、本名や顔写真、プロフィール、趣味等を掲載するのが基本ですので、よりリアルな人づきあいや、コミュニケーションがしやすくなっています。また、「いいね」や「コメント」「シェア」といった機能が拍車をかけて、「つながり」を深めているのです。

イベントやセミナー等の告知は、公開や送りたい相手のみの選択も可能、本人のメールアドレスへダイレクトにお知らせすることもできます。これらにより、個人でも大会社でも同じ土壌で情報を発信することが、容易にできるようになってきました。

今後ますます、SNSは使い方次第で、人脈や仕事のつながりが広がっていく有効なコミュニケーションツールになっていくのではないでしょうか。

◆ネットとアナログの連携プレー

大手企業や官公庁では、自社または組織の案内にホームページはなくてはならない存在になっています。中小・零細企業や個店でも、その開設率はかなりのものです。また、ホームページを持たずにブログで代用しているサロンや店舗等も多くなってきました。ユーチューブやユーストリームによる動画配信も盛況です。

このように、インターネットを活用し、広告・宣伝・集客をする時代になってきたのは確かといえます。そこで、キーポイントになってくるのが、従来のマスメディア媒体やチラシ、パンフレット、フリーペーパー、ニュースレター（DM）等との有効的な連携プレーです。

例えば、エンドーユーザー（見込み客）がネット広告やホームページ、ブログ、フェイスブック、また、その一方でリアルなアナログの広告媒体から商品やサービスの情報を入手し、「あっちでも、こっちでも見たことがある」といった体験を積み重ねたとします。これら双方の相乗効果が、より強く確かな信用を生みだし、お客様の来店動機や購買意欲へとつながっていくのではないでしょうか。

その根底には、共感という「つながり」が存在しているのです。

◆フェイスブックページの広告機能

個人の「フェイスブック（FB＝個人ページ）」が、主に友人・知人等の情報交換や人間関係を深めるツールと考えた場合、「フェイスブックページ（FBページ）は広告ツールとして、かなりの機能を持っています。

例えば、企業や店舗、サロンなどが作成したフェイスブックページに「いいね」（ファンと定義）を押した人には、このフェイスブックページの投稿した記事や情報が、ファンのニュースフィールド（お知らせ欄）に届くようになっています。しかも、個人のFB友達が5000人（2013年5月現在）と制限されているのに対して、「ファン」という扱いになるので、その数は無制限です。また、料金は発生しますが、年代や性別、地域など特定のターゲットを絞って、サービスや商品、製品等の宣伝をすることもできるのです。SEO効果も持っているので、投稿したタイトルは、ヤフーやグーグル等の検索対象になります。さらに、フェイスブックページは、ログインしていない人でも閲覧することが可能です。現在、弊社では「美癒人くらぶ」というフェイスブックページを開設し、「美」と「癒し」をテーマに素敵ぐらしの情報発信を試みています。

Facebook ページ

- ログインしていない方でも閲覧できる
- 記事や情報がファンのニュースフィールドに届く
- 友達（ファン）の数は無制限

個人ページ

- 友人・知人等の情報交換や人間関係を深める
- 友達 5,000 人が上限

（2013 年 5 月現在）

◆新たなコミュニティの時代

東日本大震災後、以前にもまして「人と人とのつながり」が大切になってきました。家族や親戚、友人の絆が深まり、さらにはネット上で知り合ったリアルではない友達・知人の輪も広がっています。また、世代を超えた様々なコミュニケーションが可能となり、参加型イベントや市民活動の場が増えてきたのも事実です。

未曾有の自然災害を体験することで、共通認識が芽生え、子供や孫、さらなる次世代を見据えて、今何をすればよいのか、世の中全体が長期サイクルで物事を考えるようになってきたかと思います。

私も含めて、多くの人々が「無縁社会」から、新たな「コミュニティ社会」へと移行しなければならないと気づきはじめたのです。

これからは、人・情報・地域など「つながる力」が一つの大きなテーマになっていくのではないでしょうか。

輝業力レッスン7【癒しの力】

～自分らしく素敵に暮らすライフ術～

輝業力レッスン7【癒しの力】

～自分らしく素敵に暮らすライフ術～

20年間にわたって仕事を現役で続けてこられたバックボーンには、「癒しの力」がありました。誰しも完璧な人間はいないし、仕事や家事、育児だけでは息が詰まってしまいます。そんな私を癒し、元気にしてくれたのが「五感」が喜ぶ「素敵に暮らすライフ術」でした。**自然体で生きること、それが私らしく輝ける業に**もなっています。そのいくつかをご紹介します。

香りと出会い、オンとオフを楽しむ

安らぎや美しさ、パワーを与えてくれる自然からの贈り物……「香り」。
このアロマテラピーとの出会いは、今から約20年前になります。住宅メーカーの

ショールームで、インテリアコーディネーターのIさんやスタッフたちと、「香りのある暮らし」の展示イベント&ポプリの講座を開催したのが最初です。このときは「香り」を広義にとらえて、パフュームやフレグランス、アロマテラピーからご案内しました。

数年後、香りと再会するセレンディピティな出来事がありました。息子が幼い頃は休日の夕食前ともなると、よく近所を散歩していたのです。その道端で偶然にみつけたのが、アロマショップでした。

「あら、歩いて数分のところに、こんなお洒落な専門店があったの」と、車では見過ごしていたこのショップに惹かれました。一週間後に、ウキウキと今度は一人で買い物へと出かけていきました。早速、体験レッスンに参加して、生まれてはじめてエッセンシャルオイルを使ったウォータースプレーを作りました。ほのかな優しい香りに何とも癒され、白い陶器製のアロマポットとオーナーおすすめのラベンダーの精油も購入してしまったほどです。

後で知ったのですが、ラベンダーには「洗う」という意味がありました。心の面では精神的なリラックス、また心地よい眠りへと誘ってくれる効能があり、心身を鎮静させる働きを持つオイルでした。

「きっと、オーナーは仕事や育児、家事で疲れている私を察して、このラベンダーの精油をすすめてくれたのに違いない」と思いました。それから、香りとのおつきあいが始まります。

何度か足を運ぶうちに、オーナーと親しくなりました。すっかり「アロマテラピー」の魅力にはまってしまい、本を買っては独学で香りを勉強し、シーンに合わせて芳香を楽しむ日々。仕事（オン）のときは、集中力が高まるミントを焚いたり、疲れた夜（オフ）にはサンタルウッドを芳香させながら、ストレッチするなど、香りは私の暮らしの中で馴染んでいきました。

そんなある日、フランスで歴史あるメーカーのアロマ商品を取り扱っている会社から、カラーセミナーを依頼されました。これがきっかけとなり、**自分の中で「色**

と香り」が融合され、「癒し」＝「セラピー」の仕事へとつながっていったのです。

幸いに、この会社が開催したアロマテラピー検定対策講座に参加でき、2005年には、（社）日本アロマ環境協会のアロマテラピスト一級、翌年にはアロマテラピーアドバイザーの資格も取得しました。

住宅ショールームやケアハウスに、香りを使った部屋の演出や効能を提案したこともありました。また、2011年夏から2013年の春にかけて、カルチャーセンターで「色と香りの開運セラピー講座」を開催し、自然からの恩恵や素晴らしさを紹介できたことは、私にとっても「癒し」のひとときとなりました。

伊勢丹新宿本店にある美を追求した「ビューティアアポセカリー」を訪ねたとき、いかにアロマテラピーが進化しつづけ、私たちの暮らしに根付いてきたかを感じたこともありました。フランスでは薬剤師が精油を調合し、飲用するほど、アロマテラピーは予防医学としても普及しています。日本にも近い将来、こんな日がくるのではないでしょうか。

今では**「香り」は、私のかけがえのない友**となり、**心と身体を元気に**したり、あるときは**安らぎを与えてくれる**大切な存在になっています。

フラと音楽、アロハスピリッツ

東日本大震災で被害のあった福島県いわき市が舞台になった映画「フラガール」をご覧になった方も多いのではないでしょうか。

かつて本州最大の炭鉱の街として隆盛を誇っていた常磐炭鉱。それが、石炭から石油へとエネルギー消費が移行する中で、「衰退していく町を何とかしよう」とハワイをイメージしたリゾート施設のプロジェクトが動きだしました。この看板として掲げられたのが、「フラダンスショー」でした。

この映画では、町や家族の起死回生のために、少女たちが厳しい現実と背中合わせになりながらも、必死で一流のフラガールへと成長していく物語が描かれています。開設当所の常磐ハワイアンセンターから現在では、日本的な情緒ある温泉も併設され、名称はスパリゾートハワイアンズに変わりました。水戸から常磐高速道路で約1時間半、両親や幼い息子を連れて、この楽園へとしばし遊びに出かけたものです。

つい最近では東日本大震災後、フラガールが全国をキャラバンしながら放射能による風評被害の壁を見事に克服、このリゾート施設に観客を呼び戻した2012年の初夏に訪れました。山あいの新緑が眩しい季節、彼女たちのショーを満喫。あまりの感動で気分が高揚していたのか、交流タイムに私も舞台へ上り、大勢の観客の前で、憧れのフラガールから踊りの手ほどきを受けたほどでした。「なぜ、40年以上も愛され続けているのか?」と、その訳がわかったのは、フラ本来が秘めている魅力を知ってからでした。

フラを習い始めてから5年、まさか自分がこの世界に魅了されるとは想定外でした。仕事関係でハワイ旅行へ招待されたときのことです。4泊6日の過密なスケジュール、しかも初対面の方と同室で緊張していたことも重なり、夜は熟睡できず、体調を崩してしまいました。激しい動悸にみまわれ、現地の病院で検査してもらった次第です。大事には到らず処方箋のみで終了、少しホットはしましたが、すぐには回復しません。フラとの忘れられない体験をしたのは、そんな日の夜のことでした。

皆さんとのディナーは辞退し、一人ホテルのプールサイドでダンサーたちによるフラのショーを観ていたのです。**魂の伝わる踊りと音楽が、私の疲れた心と体に、水が乾いた綿に染込むようにスーと入ってきました。**

水面にキラキラと映る薄明かり、響き渡るノスタルジックな音色、現地の美しい乙女たちのしなやかな仕草、とても静かな時間が流れていました。

「これで、明日は飛行機に乗って、無事に帰国できる」と思えてきたのです。薬の力もあったでしょうが、その夜は心地よい眠りへと就きました。

フラはハワイ語で「踊り」という意味。その根底には**「アロハスピリッツ=愛」**

があります。まだ文字が存在しなかった古代ハワイでは、**フラの動きで愛情や想い、感謝などを伝えてきたそうです。**

青い海や風、大地……こんな偉大な自然に生かされている自分や、すべての生命の尊さを感じながらフラ仲間と踊っていると、不思議に優しい気持ちになってきます。毎日、楽しいコト、嬉しいコトばかりではありません。悲しいとき、辛いとき、息詰まったときでも、**フラと音楽は私を癒し、笑顔にしてくれます。**出会ってよかったと心から思えるのです。「**マハロ＝ありがとう**」

風水ライフで幸運を呼び込む

風水を取り入れるようになってから10年以上が過ぎました。**自然と共存して生きることの大切さ**を学べたのは、私の暮らしの大きな糧になっています。

もう20年前近くになりますが、仕事のことで迷いがあり、占い師にみてもらったことがありました。初めて耳にした「六星占術」からアドバイスをいただきました。

私にとってその年回りは、「健弱」＝「小殺界」にあたるので、翌年の「達成」になるまで、少し我慢した方がよいという回答でした。また、遡ること6年前からの3年間は、「大殺界」＝冬の時期でした。思いおこせば、確かにその時期は自分の意思に反して、不運のスパイラルが吹き荒れていたかもしれません。六星占術で**自分の人生サイクルを知ることにより、もっとポジティブに回避できる術**はないものかと思案していました。

❖　❖　❖

ちょうどその頃です。テレビや雑誌で見聞きした「西に黄色」の文言が気になりだし、「風水って、何だろう？」と興味を持ちはじめました。「西に黄色を使うと、なぜ、金運が高まるの？」と疑問が沸いてきました。それが風水とのセレンディピティとなったのです。

関連した本を買い集めたり、図書館から借りたり、片っ端から読破していきました。それでもまだ納得できず、「易」を占いの原点としているM氏の「風水家相学入門」講座を半年間にわたって受講しました。大陸流や日本流、また流派によって異なることもわかりました。

古代中国では「帝王学」として国づくりや戦術、墓などを決める上で重要視されていたそうです。そこには常に**「風」と「水」といった自然環境が整った、「気」の高いパワースポットが選ばれていた**というのです。

西の方位は五行説でいうと「金＝ごん」、お米が収穫できる実りの季節、「秋」にあたります。ここから「西に黄色で、金運が高まる」となったのではないでしょうか。昔は農民にとって「お米はお金」でもありました。沈む夕日に照らされて、稲穂がキラキラと黄金色に輝いていたのかもしれませんね。

❖　❖　❖

では、私が実践している「幸せ開運風水」を幾つかをご紹介したいと思います。

♥女性の運気を高める花風水

毎年暮れになると、「花風水カレンダー」を購入、元旦にリビングの壁に飾るのがマイブームになっています。もともと花が好きな私は、その12ヶ月の花の写真と色彩の美しさに心なごむのです。その上、「飾るだけで幸せ満開」というキャッチフレーズも気に入っています。

女性の運気を最も高めてくれるのが「花」といわれています。太陽や大地の恵みを受けて育った花には、大自然の強力なパワーが宿っているのです。そして、風水の五行では、女性は「水」（男性は火）の気になります。そこで、**水と縁の深い花から、最もよい気が吸収できるといわれる**ようになったのです。

また、花の色により開運パワーは違ってきます。赤や黄、橙色の暖色系や色鮮やかな花は「陽」の気、青や水色の寒色系や淡い色は「陰」の気が強くなります。陽と陰どちらがよいということではありません。私は、そのときに高めたいパワーの色の生花を飾るようにしています。ときには陽と陰の花々をバランスよく組み合わせたり……。

しかし、いつも生花を飾るのは大変です。こんなときは、雑誌やポストカードから花の写真を選び、写真立てに入れて代用しています。その際、玄関やリビング、ダイニングなど人の目につく場所に飾るのが、花風水パワーを発揮させるポイントです。

疲れたとき、忙しいときほど、生花に触れるようにしています。**花を活けているうちに自然と心が癒され、なんとも幸せな気分になってきますから。**

❖　❖　❖

私たちが普段目にする風水術は、現代流にアレンジされたものが多いかもしれません。でも、**「環境、人、時を整えることで、幸運を呼ぶ」**という基本は不変です。

近年の風水は、日常しかも身近な衣・食・住からアプローチされるようになってきました。主婦であり、母、女性の私にとって、花風水は日々の暮らしの中で実践している、大好きな風水ライフ術のひとつです。

♥盛り塩パワーは効き目大

我が家では、毎月1日と15日に盛り塩をするのが恒例になっています。「塩」はお清めやお店の玄関などにしばしば使われますが、塩には、**「難や不幸をはねのけ、必要なコトやモノ、幸運を引き寄せるパワーがある」**といわれています。

この盛り塩パワーは何度も体感しました。早ければその日、遅くとも数日後には嬉しい出来事がおこります。小さな幸せもあれば、予想を超えたサプライズな出来事も……。

盛る箇所はいろいろですが、我が家では玄関やトイレ、キッチン、東北（表鬼門）、南西（裏鬼門）に置いています。簡単で、効果大の盛り塩に、ぜひ、チャレンジしてみてはいかがでしょうか。その際は、天然塩や粗塩を使ってくださいね。

♥主婦の強い味方「おそうじ風水」

小学生の頃から家の中をお掃除させられました。朝は玄関掃き、学校から帰宅後は、廊下と階段の水拭きです。寒い季節は、それが嫌でしたね。私が高校に入学するまで専業主婦だった母は、叩きで埃を落とし、出涸らしのお茶っ葉を畳にまいて、ほうきで掃いてから水拭きするのを日課にしていました。こんな様子を見ながら育った私は、DNAがそうさせたのか、今では主婦業の中で一番好きなのが「おそうじ」です。

片付けたり、キレイにしているうちに、気持ちまで洗われ、スッキリ。風水に出会ってから、さらに拍車がかかってきました。運が下がってきたと思ったら、「おそうじ」。玄関たたきの水拭きは必須ですが、主婦の運気を高めてくれるキッチンのガスまわりやシンクを磨きます。また、仕事運を上げたいときは、東側の窓を拭き、体調がすぐれないときは、洗面所やトイレの水垢を落とします。

こんな本を読んだこともありました。ビジネスを成功へと加速させる力が「そうじ」というのです。つまり、成功は、「あなたの部屋そのものであり、あなた自身でもある」という認識に立っています。本の中では、著者自らが徹底的に「そうじ」を実践し、事業を成功へと導いたヒントが紹介されていました。

私の場合、まだまだ「おそうじ」が足りないと思いましたが、**「環境を整えるという風水の基本」**を守り、これからも生活の中で、「おそうじ風水」を楽しみたいですね。

♥自然を散策して四季を楽しむ

私が住んでいる水戸市街地は、公園や緑に恵まれています。水戸駅から車で約10分の所に、日本三大名園のひとつといわれる「偕楽園」や、湖の周回りが約3キロメートル、ジョギングや散歩が楽しめる千波湖があります。ほとりには県近代美術館や県民文化センターも立地。この辺り一体の総面積は、都市公園としてニューヨークのセントラルパークに次ぐ世界第2位ともいわれています。

梅や桜、つつじ、萩などの花々、新緑や紅葉など四季折々の自然が味わえる私にとって大好きな癒しのスポットのひとつです。

風水では、自然界に「気」が宿っていると伝えられてきました。私たちは空や海、緑、花など何気なく目にしている景色からも「よい気」＝パワーをもらっているといわれます。

だから、仕事で疲れたり、ストレスが溜まったなと思ったときは、野外へと繰り出し、自然の中を歩くように心がけています。

なかでも住まい近くの「逆川緑地公園」は10年来、お馴染みの散歩コースになっています。街中にありながら、豊かな森と湧き水を利用した水生植物などが群生、まるで、それは「小さな尾瀬」のようです。

雨上がり、森林浴しながらのウォーキングは最高！癒され、安らぎを与えてくれる私の「元気の源」になっています。

コラム（輝く仕事術）

◆五感と癒しの科学

貴女は何か自分へのご褒美に、「癒し」をされていますか？

ストレス社会といわれる現代、多種多様な癒しグッズが登場し、これに関連するイベントも全国津々浦々で盛んに行われています。ちょっと街を歩けば、心と体を癒してくれるショップやサロンの看板が目につくようになってきました。

また、スピリチュアルなニーズも高まり、確かに私自身も、カラーセラピストとしてセミナーやイベントに参加し、セッションする機会が多くなっています。

「癒しの科学」という研究も進み、最近では、授業の中で取り入れている大学があるほどです。私達は五感を心地よく刺激されると癒されるというのが立証されています。

例えば、美しい景色は視覚、アロマテラピーは嗅覚、マッサージは触覚、ヒーリング音楽は聴覚、美味しい食事は味覚などになりますが、これら外部からの刺激により「気分いい」「安らぐ」「元気が出る」「楽になる」……を感じるそうです。こうした心身ともに癒されることで、ホルモンバランスが整ったり、適度に弛緩されたり、自然治癒力が増進されるといわれています。ぜひ、日々の暮らしの中で、貴女にあった「癒しの力」を取り入れてみてはいかがでしょうか。

◆色と上手なおつきあい

花や木々、四季折々の風情に親しんできた日本人には独特の色の文化があります。桜色や茜色、若草色といった色名＝伝統色は、自然界から銘々されてきたものです。心安らぐアースカラー、鮮やかなビビットカラー、優しいパステルカラーなど識別できる色は、何と750万色ともいわれています。そこで、衣・食・住と普段から色と上手におつきあいすれば、たくさんの刺激や楽しみごと、効果を感じることができます。

例えば、人の第一印象は約10秒間で決まるといわれますが、なかでも洋服の色が与える影響は大きいようです。だから、政治家やキャスター、役者など大勢の目にふれる職業の方々は、色の効果を上手に取り入れ、TPOに合わせてコーディネートをしています。

アメリカの大統領が、「信頼や誠実さを印象づけたい時は青のネクタイ、情熱や強さを主張したい時は赤のネクタイを着用する」という話を聞いたこともあります。つまり、目的にあわせて、どう見せたいかを色の効能で演出できるというわけです。

もし、貴女が初対面の方と会う機会があったら、女性らしさや優しさを感じさせたい時はピンク系、明るさや親しみを持って欲しい時にはイエロー系の装いで、お出かけしてみてはいかがでしょうか。

また、インテリアにも活用できます。家族や来客など多くの人が集うリビングルームは一家団欒の場であり、一日の疲れを癒す場でもあります。こんな多目的な要素を持つ部屋は、暖かみのあるソフトな色合いを基調色にすると、ゆったりと寛げる空間になります。クッションや小物を自分らしいテイストの色づかいにすれば、さらに居心地のよい部屋になるでしょう。ダイニングルームの照明は、白熱灯がおすすめ。オレンジ系の灯りは、食事中の会話を弾ませ、料理をより一層おいしくみせてくれます。

寝苦しい夏の夜には、淡いブルー系のリネンを使えば、心地よい眠りへと誘ってくれるでしょう。ストレスが溜まって疲れたと思ったら、緑黄色野菜がふんだんに入った温かなスープを飲んだり、観葉植物などのグリーン系を身の回りに置いてみましょう。

こんな日々の様々なシーンで、色は「癒しの力」を発揮してくれるのです。

おわりに

昨夏の酷暑から出版を思い立って、秋、冬、春と季節がめぐり、薫風爽やかな初夏に本の執筆が終わりました。20年間の足跡を紐とくうちに、何と多くの素晴らしい人々や仕事と出会い、幸せな人生を歩んできたかをあらためて感じる日々でもありました。

息子が0歳児、半年程前から体調を崩して失業中だった夫と共に、1993年の4月、企画広告会社ミズプランを設立しました。通常では、あまり考えられない状況でスタートを切りましたが、いま思い起こせば、この転機こそ、自分らしく、輝く業を磨くための必然だったような気がしています。

決して、順風満帆だったわけではありませんが、「人生は一度きり！どうせ生きるなら、後悔のないように行動しよう」と強い想いを胸に秘めながら、地道に、気長に前へと進んできました。

この体験から培ってきたのが、本の中で紹介させていただいた『**輝業力**』です。**7つの力**からまとめてみましたが、これらの力は**仕事や育児、家事、どんな場面でも活かせる強い味方**になってくれました。でも、この魔法のような力をフルに発揮するには、時どき、休息することも必要でした。

❖　❖　❖

そんなときは、ゆっくり自分と向きあう時間を持つようにしています。好きな音楽に浸ったり、映画を観たり、ぶらりとウィンドーショッピングを楽しんだり。週末にはちょっと贅沢して美味しい料理とワインに舌鼓したり……。

ときには気ままなプチ旅行へと出かけます。こんな日常の何気ないところに身をおき、心身のバランスを整え、リセットして、また仕事へと向かうのです。

こんな風に、フレキシブルに生きられる時代になってきました。幸いにも女性の特権かもしれませんが（笑）……。ぜひ、あなたも、貴女らしく、キャリアデザインしながら、ますますライフワークを楽しんでみてはいかがでしょうか！

今回の執筆を機に、限られた尊い人生をさらに謳歌しながら、自分らしく輝き続けていきたいという気持ちが湧いてきました。

❖　❖　❖

これから起業したい女性や、仕事の壁にあたって悩んでいる女性、子育て中のお母様、自分磨きをしたいOLさん、皆様方にとって、この本が、少しでも、自己実現や夢実現のヒントになれば幸いと存じます。

このたびの出版にあたりまして、私の想いと意向を快諾してくださいました(株)カナリア書房の佐々木紀行社長様、書籍コーディネーターとして助言してくださった(有)インプルーブの小山睦男様に、心より御礼申し上げます。

また、最後まで、お読みいただきました読者の方々、長年お世話になりました取引先様各位、スタッフたちに、この場を借りて深く感謝申し上げます。

『7つの輝業力レッスン』がきっかけとなり、皆様方にとって素敵な出会い、さらなる幸運が引き寄せられますように！

【主な参考文献】

◇相田みつを書・佐々木正美著『育てたように子は育つ』／小学館　１９９９年
◇セロン・Ｑ・デュモン著『集中力』／サンマーク出版　２００６年
◇松下幸之助著『不況に克つ12の知恵』／ＰＨＰ研究所　２００９年
◇藤屋伸二著『20代から身につけたい　ドラッカーの思考法』／中経出版　２０１０年

【著者】

根本　登茂子（ねもと ともこ）

有限会社ミズプラン代表取締役・輝業コンサルタント

群馬県生まれ。東洋大学社会学部卒業。大学では社会心理学を専攻、卒業後はタウン誌の編集、企画制作会社にてプランナー、（株）リクルートでは編集・コピーライティングに携わる。その後、アメリカへ語学留学。1993年に企画広告会社ミズプランを設立する。色彩マーケティングを取り入れ、ブライダルやフラワー、インテリア業界を中心に約1000社の広告や販促ツールの企画制作、空間コーディネート、イベント等を手がける。女性の感性を活かした各企業や店舗のブランディングづくりには定評がある。また、「似合うカラー＆イメージ」のパーソナルコンサルティング実績は2000名以上、開運カラーセラピストとして経営者のセッションも行っている。

◆ホームページ　http://www.msplan.biz/

◆(社)日本パーソナルカラリスト協会認定指導員・色彩診断士

【著書】

「イベントプロデューサーになるには」1995年初版（改訂版5刷）／ペリカン社発行

「輝業美人（きぎょうびじん）」2010年／ミズプラン発行

【自主媒体】

◆素敵美人を応援する女性誌「ブライド」（1995年4月～2011年3月）

女性が輝き、夢実現できる仕事術のヒント

7つの輝業力レッスン

初　　版　2013年6月27日

著　　者　根本 登茂子

発 行 者　佐々木 紀行

発 行 所　株式会社カナリア書房

〒141-0031　東京都品川区西五反田6-2-7 ウエストサイド五反田ビル3F

TEL 03-5436-9701　FAX 03-3491-9699

http://www.canaria-book.com/

編集・DTP　有限会社ミズプラン

装　　丁　田辺智子デザイン室

印刷・製本　株式会社ミツモリ

ISBN978-4-7782-0253-8

カナリア書房の書籍ご案内

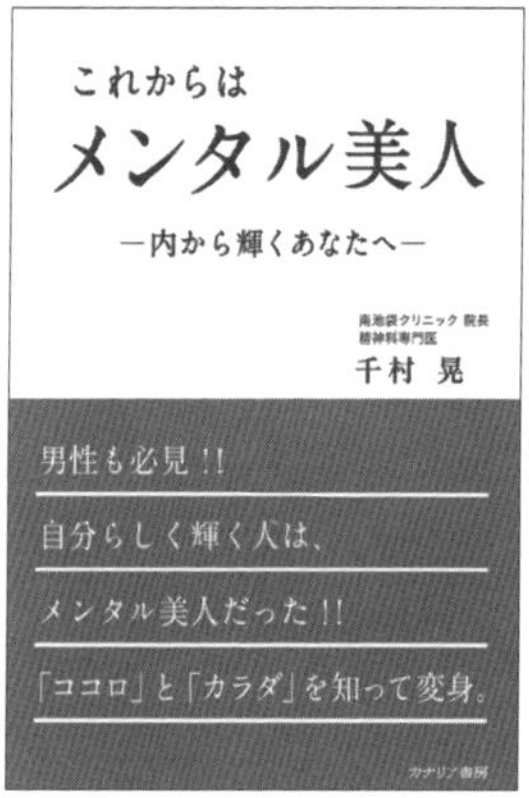

これからはメンタル美人
―内から輝くあなたへ―

千村晃 著

臨床経験をもとに書かれた、
今までにないメンタル本!!

メンタルの安定を目指すことで、もっと輝けるようになる!! それこそが「メンタル美人」です。
単なるメンタル強化を目指す書籍ではなく、著者の35年間の医療現場で得た経験をもとに、何が必要なのかを書き下ろした1冊です。
女性だけでなく、男性にも読んでもらいたい内容です!!

2012年9月10日発刊
定価1300円（税別）
ISBN 978-4-7782-0229-3

美養法　命のつながり
～心からのセラピー～

沼倉萬里枝 著

統合医療をもとにした排毒リンパトレナージュで体内を浄化。
さまざまな体の症状を一度に解決する方法とは？

看護師だった著者が30年以上前に一からつくった、中国・インド医学を融合させた独自の拝毒浄化法〈美養法〉。
本書を読めば、心身揃っての健康を手に入れることができます！

2012年4月17日発刊
定価1400円（税別）
ISBN 978-4-7782-0218-7

カナリア書房の書籍ご案内

2012 年 11 月 10 日発刊
定価 1200 円（税別）
ISBN 978-4-7782-0237-8

人生は奇跡であふれている
～引き寄せの法則の真実を語る～

上本真砂未 著

あなたの人生にも奇跡はすでに起こっている！

自分が思ったとおりの人生を歩むためには、まず自分自身から変わっていくこと。
人生のナビゲーションになるのは「好き」か「嫌いか」、「心地よい」か「心地よくないか」であること。
スピリチュアル分野で 30 年以上の研究を続けている著者が「引き寄せの法則」の本当の意味を探る。
本書を読めば人生観が 180 度変わること間違いなしの 1 冊。

2012 年 11 月 10 日発刊
定価 1500 円（税別）
ISBN 978-4-7782-0231-6

DREAM
女性経営者 100 人の起業物語

菅原智美 監修

今元気な女性経営者 100 人の素顔に迫る !!

関東圏で戦う、女性経営者 100 人を取材、1 冊にまとめた書籍の第 2 弾‼
今回も 100 人の女性経営者に、起業の経緯を赤裸々に語っていただき、さらに今後の夢、ビジョンまでまとめました。